12歳までの自己肯定感の育て方で、その後の人生が決まる

元小学校教師「よかよか学院」校長
ばなな先生 著

フォレスト出版

まえがき

12歳までの自己肯定感の土台づくり

ぼくは「ばなな先生」と申します。本名の「こばなわ（小塙）」が「こばなな」と聞こえることから、まわりの人からばなな先生と呼ばれています。

小学校の先生を23年間やって中途退職。現在は妻（ミセスばななと言います）と、「大人には自分の中にある子ども心を取り戻してもらい、子どもには自分のよさをのびやかに表現してもらおう」という目的で設立した「よかよか学院」という学校の校長先生をしています。

よかよか学院では、「親子のコミュニケーション講座」「親子の自己表現講座」「お母さん向けの子育てに関するお話会」などをしており、これまでのべ1000組の親子が参加してくださいました。そして「子どもの自己肯定感が上がって、笑顔が増えました」「私もわが子の良さを再発見できましたし、自分たちを肯定的にとらえられました」という言葉をたくさんいただいております。

子どもの自己肯定感のターニングポイント

最近の子どもたちは「元気がない」という声をよく耳にします。

ぼくが担任を受け持った当初、教室の子どもたちに「自分のこと好き？」と聞くと、なんと6、7割の子どもが「嫌い」と答えたのです。「好き」と答えた残りの3、4割の子どもは「クラスで一番、サッカーができるから好き」「書道で賞を取ったから好き」と条件付きです。

さて、ここで問題です。他にサッカーのうまい子が転校してきたとき、あるいは翌年の書道の賞に落ちたとき、それでもその子たちは「自分が好きだ」と答えるでしょうか？

そう、自分のことが簡単に嫌いになります。

子どもの条件付きの「自分が好き」はもろいのです。

これに対し、本当に自分を好きな子は、その根拠がありません。「おれだから好き」「いいところ？　ぜんぶ」と言います。

東京都教職員研修センターによる小学校1年生〜高校3年生を対象にした、「自分のことが好きですか」という調査（令和3年）によると「思わない」「どちらかというと思わない」と回答した子の割合は小学校2年生で約20％、ところが6年生になると約40％、中学生では約60％になるという結果が出ました。

同様の調査はさまざまな研究機関で行われていますが、どの調査も4割〜6割が「自分が嫌い」と答え、小学校高学年から中学生になるときから自分嫌いになっていくことが報告されています。いずれも、**自己肯定感のターニングポイントが9、10歳の小学校3、4年生**になっています。

9、10歳の子どもは「ギャングエイジ」「10歳の壁」などといわれ、親からすると育てにくいとされています。この時期は子どもから大人への過渡期にあたり、急に大人ぶったり、幼稚になったり、態度がコロコロ変わります。だから親からすると、どう対処すればいいのかわからなくなるのです。

こうした変化は、脳科学的な解釈で説明できます。10歳くらいの年齢は、見る、聞く、感じるといった感覚や感性をつかさどる脳の部位の成長が完了し、コミュニケーションや主体性、思考を司る「前頭葉《ぜんとうよう》」が発達しはじめます。つまり、脳が大人モードに切り替わるのです。当然、子ども本人もその変化に戸惑いますし、うまくコントロールができません。

また、9、10歳で何らかの通過儀礼を行う少数民族がありますが、経験面においても大きな変化が生まれがちです。リーダーや著名人などの伝記を読むと、この時期に今後の人生の土や根になる経験をしているケースが多いことに気づくでしょう（死別、離婚、病気、あるいは何かを始めたり、出会ったりなど）。

つまり、こうした大人の入り口に立つ時期は、子どもにとって非常に不安定といえます。そして、**自己肯定感が下がる時期とリンクしている**のです。

12歳までに自己肯定感の土台をつくろう

自己肯定感が下がる理由に自己受容が足りないことが指摘されています。

自己受容は「わたしでいい」「それでいい」と自己の存在を受け入れる感覚や感性のことで、自己肯定感の基礎の資質です。自己受容を育てるには、見る、聞く、感じるといった感覚脳を刺激する体験をたくさんすること、近しい人間に「あなたでいい」と承認してもらうことが大切だと言われています。

したがって、この9、10歳の時期に自分の存在を受け入れてもらう体験が必要なのです。

「では、小学6年生にあたる12歳では間に合わないの？」と思うかもしれませんが、大丈夫です。もちろん、9、10歳というのは1つの目安であり、個人差や環境の違いがあります。ぼくは小学校の全学年の児童を見てきましたが、**12歳でも確固とした自己肯定感の土台づくりに十分間に合います。**

しかし、12歳までの自己受容の体験量が少ないと、自己肯定感を高めにくいのも事実です。

大人社会では比較、競争といった局面が多いため、自分の価値を他者評価や相対評価によってはかろうとします。自己肯定感の低い人は、つい「自分は○○さんと比較してダメだ」と考えるわけです。すると、自然に積極性や主体性に欠けていきます。

しかし12歳まで培われた「自分でいい」と思える体験は、多少落ち込んでも「確かに結果としてはダメだったが、自分としてはよくやった」と自分基準で考えることができます。見たものを見たままに、感じたものを感じたままに自己受容し、そのうえで表現したものが成功でも失敗でも、「それでいい」と承認された記憶が、困難な局面でも「自分でいい」と思わせてくれるのです。

自己肯定感の土台をつくるために、本書では親子で取り組むワークを紹介しています。見る、聞く、動くといった自己受容を経験してもらうワークが中心です。

といっても、とても簡単なものばかりです。肩肘《かたひじ》を張ってすべてを行う必要はありません。「子どもが喜びそうだな」「楽しそうだな」「簡単そうだな」と思ったものから試してみてください。

本書を通じて、少しでもお子さんが「自分のことが好き」と思えるようになったなら、著者としてこれに勝る喜びはありません。

もくじ　12歳までの自己肯定感の育て方で、その後の人生が決まる

第4章 自分の本当の感情や気分に気づいてもらう 117

第7章 自分が生きている意味を実感する 189

ブックデザイン　山之口正之+沢田幸平
（ＯＫＩ－ＫＡＴＡ）
カバー・本文イラスト　よしだみさこ
ＤＴＰ　フォレスト出版編集部

プロローグ

自己肯定感を上げるための3つの要素と7つのレッスン

子どもは、本当に自分が嫌いなのか

本書のタイトルにもある「自己肯定感」とは、「自分のそのままを肯定する力」のことをいいますが、これが高い子どもには次の3つの力が備わっています。

①主体性がある。
②失敗を恐れずチャレンジする。
③誰とでもコミュニケーションがはかれる。

これに対して、自己肯定感が低い子どもは、失敗やコミュニケーションを恐れ、あらゆる物事に対して消極的なところがあるといわれています。

子どもたちを30年以上、3000人以上見てきて感じたことがあります。それは、子どもたちが子どもでいるときは、「自己肯定感が100%」だということです。主体的で、チャレンジ精神が旺盛《おうせい》で、自分と家族、友だちを大切にします。

小学校の先生をして何年かたつと、子どもたちが今、「自己肯定感１００％」という瞬間が、だんだんとわかるようになりました。

それはたった1つ。「子どものままでいるとき」です。

それはつまり、自分のことを好きとか嫌いとかを考えていないとき。何かに夢中になっているとき。集中しているとき。何の得にもならないことを全力でやっているとき。ひとしきりやりきって、「あー、楽しかった」とケラケラと笑っているとき。

今っぽくいえば「今、ここの状態にいる」とき。

本書は、お子さんをもつお母さんや子どもたちを応援する方、お母さんになる予習や復習をされている方に向けて書きましたが、この説明だけだとわかりにくいですよね。

まず、子どもってどんな人でしょう。いろいろな解釈ができると思いますが、ぼくはこんな人だと思っています。

●今、ここにいる。

●見たまま、感じたまま表現する。

●上とか下、すごいとかダメとかの区別がない。

もう少し、具体的にいうと、次のような状態です。

●すぐに夢中になる。
●どんなこともおもしろくする。
●誰とでも一瞬で仲良くなれる。

これは、仏教用語の「悟りを開く」という状態とほぼ同じです。雑念や執着、心の迷いがない状態です。

夢中で絵を描いている子どもは、こちらがほれぼれするほど、煩悩《ぼんのう》や物事に執着する気持ちがなくなっているように見えます。

「もう終わりだよ」と言うと、「ウソでしょ?　5分くらいしかたってないと思った」と返事をする子もいれば、話しかけても作業に集中しすぎて返事さえしない子もいます。

このように、子どもにおける自己肯定感の高い状態とは「子どものまま」でいることなのです。

子どもの自己肯定感を下げる「大人の目」

漫画『ドラゴン桜』に「大人になることとは、客観的にモノを見られるかどうかだ」というセリフがあります。しかし、「自分のことが好きか」「嫌いか」と客観視した時点で、子どもは大人のような見方をするようになります。大人の目は分析や批判、評価の目です。

大人の目を持った子どもは、「自分が好きなところ・自分が嫌いなところ」と基準を探そうとします。すると、どうしても結果に目を向けます。「算数ができないし、嫌い。だから『自分が嫌い』」という感じです。

また、『五体不満足』の著者である乙武洋匡氏は、「子どものチャレンジに対して、大人は結果だけで判断することが多い」と述べていますが、これは子どもの自己肯定感を低くさせる大きな要因にもなります。

集中してやっていることを頭ごなしに否定されたり、活動の途中で理不尽に止められたり、子どもたちが夢中になって表現したものに対して「それじゃダメでしょう」と言われたときです。

子どもはただやりたいから、目に入ったからそれに取り組んだだけ。にもかかわらず、大人はそこに意義や価値を見いだそうとする。あるいは、手直しすればみんなの鑑賞に堪《た》えうるものになると考える。

でも、**子どもは両親以外の誰かに見てもらおうなんて、ちっとも思っていません。**

なんとなくおわかりいただけましたか？

子どもの目を大人の目にすり替える――この累積が子どもの自己肯定感を低下させ、自分を嫌いにさせているのです。子どもが自分のことを好きになっているときは、「子どもの目」になっているときです。

「しかし、結局は大人になったら自己肯定感が下がってしまうのではないか」と思うかもしれませんが、大丈夫です。

この時期に培われた「子どもの目」は、「わたしでいい」という自己受容を含んだまなざしです。**自己受容感は感覚脳に関連しており、一度獲得されると生涯にわたって保存されています。**小さいころに歌った歌を数十年たっても歌えるように、何かのきっかけで取り戻せるのです。

「それでいい」という言葉の力

ぼくは、「自分を嫌いだ」という子どもたちと教室で1年間過ごしていて、どうしたら自分のことを好きになっていくのか観察したことがありました。

もちろん、学校の先生なので授業をするのが仕事です。そこで授業にちょっと工夫をこらしてみました。すると、わかったことがありました。

それは同じ問いやお題でも、一人ひとり見ているところが違うということです。見ているところが違うと、そこから表現されるものも、まったく違ってくるのです。

たとえば、授業のはじめに「ピンポーンって呼び鈴がなって、ドアを開けると宇宙人が玄関にいたとするでしょ。みんなならどうする？」と尋ねてみます。

子どもたちは目を輝かせながら、そこから自分がイメージした出来事を話しだします。答えは多種多様。そのすべてに対し、「それでいい」と言います。すると、どんどん話しだします。

なかには休み時間まで話し続ける子もいます。家に帰ってからお母さんに話す子や数日たってから話す子もいます。そのときも、ぼくの返答は同じ。すべて「それでいい」と言います。何ひとつ、同じ物語はなく、子どもたちがいかに個性的なのかがわかります。それをふまえて、個々が表現したことを「それでいい」と受け止めてあげると、彼らはどんどん自分のことを好きになりました。

特に、算数の計算や跳び箱など、誰が見ても結果や成否が明らかなものより、彼らが「子どもの状態」になって取り組んだことに対して、「それでいい」と言ってあげると子どもの顔つきが変わるのです。

子どもが自分のことを好きになるには、**子ども100%の状態での自己表現を、身近な方々から「それでいい」と承認してもらい、自己受容の体験を得ること。**この一点に尽きます。

自分を好きになる7つのレッスン

では、子どもの自己肯定感を高めるために、お母さんは子どもとどう触れ合っていけばいいのか？

「それでいい」という言葉を口にするきっかけはないものだろうか？

「子どもらしさ」が自然に出るヒントみたいなものはないだろうか？

ぼくはこの問題に取り組み、調査・研究を重ねた結果、次の7つのレッスン（活動）が大いに役立つことを突き止めました。このカリキュラムを、ぼくは「自分科」と呼んでおり、各々を端的に記すと、次のようになります。

●その子にしかできない「かかり」をして〈夢中になれる機会をつくります〉。
●物事をじっと見つめて〈自分がどんなところを見ているのかを知ります〉。
●アーティストの自分に気づいて〈自分の世界をまわりに伝えられます〉。
●自分の気分を感じ、アウトプットして〈自分の方向性を知ります〉。
●世の中にいるもう1人の自分を見つけ〈1人じゃないことに気づきます〉。
●家族のテーマが自分のテーマだと知ることで〈家族と心を共有していることを知ります〉。
●自分のたどってきたストーリーに気づくことで〈自分がこの世界に生きている理由を知ります〉。

この7つのレッスンを総合的に体験すると、子どもは自分のことを好きになっていきます。自己肯定感の高い人の特性である①主体性がある、②失敗を恐れずチャレンジする、③誰とでもコミュニケーションがはかれる、という3つの要素が自然に身につくからです。

同時に、「今、ここにいる」「見たまま、感じたままを表現する」「上とか下、すごいとかダメとかの区別がない」という子どものままの世界も味わっています。子どものままでいれば、自己肯定感は高くなるのです。

特に、9、10歳の子どもたちが自分科に夢中で取り組むようになります。その姿は、命のかがやきに満ち、とっても素敵です。

何よりも効果てきめんなお母さんの「それでいい」

もう1つ大事なことをお伝えさせていただくと、この7つのレッスン（活動）には最後に「それ、いいね」「あなたらしい」という承認を与えることが必要不可欠になってきます。

批判や評価によって人が成長するのは確かです。しかしそれは、発問者や出題者に教えてほしいと願ったときだけです。子どもたちが「子どものまま」活動をしているときは、たいてい教わりたいとは思っていません。

先ほどの「ドアを開けると、宇宙人が玄関にいました。みんなならどうする？」の話を思い出してください。似たようなことは、おうちでもありませんか。子どもが歌った替え歌やダジャレをお母さんがおもしろがる。すると、子どもはますますおもしろがって歌う……そんなことです。リラックスした状況です。

ぼくが宇宙人の話を教室でしたとき、子どもたちはお母さんに受け止めてもらったときと同じようなまなざしをしていました。

でもお母さん、日頃、なかなかお子さんのことを承認できないのではないでしょうか？

お子さんが「これでいいよね？」と言ったとき、「いいわけないでしょ」という言葉を口にしていませんか？

実際、ある子どもが「先生、自分のこと好きになりました」と笑顔で下校したものの、翌日になると、「先生、やっぱりダメでした」と言ってきたことがありました。

話を聞くと、お母さんに「今のわたしでいいよね?」と話しかけたとたん、「いいわけないでしょ。もっと○○をがんばらないと」と返されたそうなのです。

ここがものすごく重要なポイントで、**ぼくらが100回、1000回と「それでいい」と言っても、お母さんにたった1回「それじゃダメ」と言われると、元に戻ってしまうのです。**

なぜならば、子どもはお母さんが大好きで、そのコピーをしようとしているのに、コピー元から批判された気持ちになるからです。

逆に12歳までにお母さんから「あなたらしいね」「それでいいのよ」と言われつづけると、コピー元から承認・評価された気持ちが強くなり、一生ものの自信を手に入れることができます。

お母さんも一緒に取り組もう

さて、こうしたことを書くと、「子育ては母親の仕事であり、子どもにとってもそれが一番だ」という母親神話を押し付けられていると感じるかもしれません。あるいは、母性は母親が持つもの、父性は父親が持つものという固定観念を著者が持っているのではないかと。

もちろん、そんなことはありません。

一方で、子育てにおいて母親的な役割、父親的な役割があるとは思っています。もちろん、お父さんが母親的な役割をすることも、あるいは一人二役をすることも不自然とは思いませんし、多様な役割分担があってしかるべきだと思います。ただ、その是非はともかくとして、ほとんどのお母さんが「母親的な役割」をしているのが現実です。

私の講演やワークショップにいらっしゃる方のほとんどがお父さんではなくお母さんですし、子どもにとっても、おうちで一緒に過ごす時間が長いのがお父さんよりもお母さんです。おそらく、本書の読者もお父さんよりもお母さんのほうが多いでしょう。

そして、この「母親的な役割」の本質こそが、「わが子を無条件に受け入れる包容力」であり、子ども自身の自己受容に効果てきめんな影響を与えるというのが、私のこれまでの経験から得られた知見です。

そういうわけで、あえて本書では「お母さん」という呼びかけが多くなります。

さて、これから紹介する7つのレッスンのワークはお母さんから先に取り組むことになっています。

子どもだけにやってもらおうとしたこともあるのですが、やはり、お子さんの自己肯定感が上がるのは、まずお母さんが取り組んでくれたときでしたし、子どももそれを見て自分から取り組むようになるのです。

繰り返しますが、お子さんがワークに取り組んでいるときは、お母さん、お父さんは批判も評価もなく見守ってあげてください。ただし、「それでいい」という言葉を添えて。

すると、親子の間で何かが必ず変わります。

それでは、7つのレッスンをお楽しみください。

第1章

「かかり」を通して夢中になれる機会をつくる

「かかり」は子どもの居場所をつくる

「かかり」は子どもにとっての安全基地

第1章では、お母さんとお子さんで、「かかり」をして自己肯定感を上げる方法をお伝えします。

「係」は文科省の出している学習指導要領の「特別活動」という学習活動になります。意外と思うかもしれませんが立派な勉強です。児童たちに自治的な活動を体験してもらうことで、クラスの構成者としての自覚をもってもらうことがねらいです。

それに、新聞係になって文章を書くのが得意になった、生き物係になって動物に詳しくなった……といったように係がきっかけで、得意なことや好きなことが見つかったという

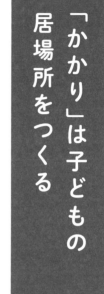

子がたくさんいます。

発達脳科学・脳機能生理学者の加藤俊徳先生によると、人間にはさまざまな活動を司る脳の部位があるといいます。新聞で文章を書くのが好きな子は、その活動に必要な脳の部位がそもそも発達しているというのです。新聞係を選んだのは、脳が「チャレンジしたい」と選ばさせた、というのです。

さらに、好きなことをすると、脳内からドーパミンやエンドルフィン、セロトニンなどの快感を司るホルモンが出てきて、ますます脳の部位を発達させるといいます。

脳が活性化すると、チャレンジに代表される主体性、判断力、コミュニケーション能力が向上します。これは、自己肯定感の高い子にみられる特徴と一致します。

つまり好きなことをすればするほど、脳が鍛えられ、自己肯定感アップにつながります。好きな係ができることは「脳トレ」なのです。

自分も他人も幸せにすることが「かかり」のルール

とはいえ、仕事や人数の限られた係の活動では、一人ひとりに十分に満足させてあげるのは難しいのも事実。

「もっと子どもたちのやりたいことが純粋にできて、しかも学級運営がスムーズになる方法はないものだろうか？」をぼくなりに考え、試行錯誤した末にたどりついたのが「かかりの時間」でした。

日常の学級生活に必要な当番や日直はローテーションで行い、そのほかに「かかりの時間をつくってみませんか」と子どもたちに提案したのです（通常の「係」とは異なるので「かかり」とひらがな表記にして区別しました）。

次の2つのルールを提示しました。

●自分を幸せにすることをしてください。
●まわりを幸せにすることをしてください。

「あとは何をしてもいいよ」と言うと、みんな大喜び。

最初のうちこそ「どうやって自分を幸せにすればいいのかな？」「まわりを幸せにするって、どういうこと？」と戸惑う子もいますが、それは最初だけ。15分もしないうちに自分のやりたいことに夢中になって取り組みはじめます。

紙飛行機を折って飛ばす子。ダンスやコントを夢中になってやりだす子。漫画やクイズを書く子。１人でやったり、みんなでやったり、内容や形態はそれぞれです。

ただの自由時間と思われるでしょう。しかし、先述のように「自分を・まわりを」幸せにする活動なので、「かかり」であることは間違いありません。

そのときの子どもは、表情がどんどん変わり、集中していることが明らかにわかります。子どもとは「夢中になれる」「どんなこともおもしろくできる」とプロローグでお伝えしましたが、その姿は「子どものまま」に「子どもの目」でものを見ます。

しばらくすると、人の悪口ばかり言っている子どもが、楽しそうに談笑しているのが見えました。ふだん、何もしないでじーっとしている子どもは他の子の活動をのぞきこみ、楽しそうに話しかけていました。好きなアニメのキャラを描いていたので声をかけたというのです。

子どもの特徴である「誰とでも一瞬で仲良くなれる」という状態でした。

自分の好きなことをしただけなのに、いつのまにか「まわりを幸せ」にしていることに驚きました。

毎週のように続けていると、その子ならではの特技、才能、使命のようなものを見つけてくれます。**「自分には○○ができる」と思いはじめるようになり、自信がみなぎってきます。**

子どもたちは「毎日かかりの時間にしてくれ」と言うようになりました。そして、ある子の理由に感心しました。

「かかりの時間はチャレンジができる」

なぜ目立たない女の子は「折り紙博士」になれたのか？

ある年のこと、Aさんというおとなしい女の子が、もくもくと折り紙を折りはじめました。

前の担任の先生から「目立たない、声の小さい、勉強や運動のできない子」だと引き継がれた子です。しかし、「かかり」をするようになると、いつの間にか彼女のまわりに多くのクラスメイトたちが集まるようになりました。

「そんなに折り紙がうまいって知らなかったよ」「それ、すごいな。ボクにくれよ」と言う子たちがたくさん現れ、行列ができるまでになったのです。

それからというもの、Ａさんは壁の飾りつけを頼まれたり、クラスのイベントの景品に使いたいからと発注を受けたり、折り紙教室の先生をやることで、とうとう「折り紙博士」と呼ばれるようになりました。

友だちも増え、学校でいろんな子と話すようになりました。そんな彼女が「自分のこと、好きになりました」とぼくに言ってくれたとき、涙が出そうになりました。

それにしても、ただ折り紙を折っただけなのに、Ａさんはどうして自分のことが好きになったのでしょうか。そこには３つのポイントがありました。

１つ目は**「子どものまま」でいられること**です。

夢中になっている子どもは、「ゾーン」という集中している状態になっています。「相手のパンチが止まって見える」「パットを入れるカップが大きく見える」と語る一流スポーツ選手がいるように、ゾーンに入ると時間や空間の動きがゆがみます。子どもも同じで「えっ、もう45分たったの？」と驚く子がいます。それはゾーンに入っているからなのです。ゾーンで脳が活性化し、活性化された脳は主体性を生み出します。折り紙を折っているときのＡさんは、次々に折りたいものが浮かんでくると言っていました。

２つ目は、ぼくが提示したルールの「自分とまわりの幸せ」が実感できたことです。幸福を感じたときの脳内物質は、人は自己を幸せにしただけでは不十分で、他者をも幸福にすると最高潮に達するといいます。

３つ目は、自分がやりたいことを自由に選択できることです。

神戸大学社会システムイベーションセンターが一般の方に幸福感に対する調査を行ったことがありました。「幸福感を得るものは何か」と質問し、①所得、②学歴、③選択の自由「自己決定」、④健康、⑤人間関係、という5つの中から選んでもらいました。すると④健康、⑤人間関係に次いで、③選択の自由「自己決定」を挙げた人が多数いました。

決定とは、そこにまつわるリスク、成功も伴います。当然チャレンジするわけです。チャレンジは脳を活性化できる最高の方法です。

「かかりの時間」というチャレンジ空間での取り組みは主体性、コミュニケーション能力が育まれ、自己決定ができ、自己肯定感への高まりへとつながっていくのです。

ちなみにAさんには後日談があります。

みるみる自信がつき、学年の終わりにはとうとう、特技を披露するお楽しみ会の司会に立候補するまでになりました。

ただ、折り紙が折れるようになったからといって、声が大きくなったわけではありません。小さい声でまごまごと司会を始めました。すると「声が聞こえないから、だまって」とまわりが言い出しました。

そして「声の届くところまで近づこう」と席を動かしたので、Aさんのまわりにクラスメイトたちが小さな輪をつくっている形になりました。


ところで、お母さんの「かかり」は何ですか？

まずは、ご自分を幸せにできることをしてみませんか。といっても、難しく考えることはありません。

「かかり」は日常生活の何気ない行動、夢中になってやっていること、ふとやってみたら楽しくなったこと、昔は好きだったけど忘れていたことの中にヒントが潜《ひそ》んでいます。それでもわからないときは、「お子さん」を観察してみてください。お子さんのやっていることを一緒にやってみてはどうでしょうか。

そのための簡単なワークをお伝えしていきましょう。

1 子どもが夢中になっていることを一緒にやってみよう

「うるせぇ」子にも存在価値がある

コロンビア大学で発表された子どものほめ方について研究した結果によると、「能力・才能だけをほめると、子どもの作業結果に悪影響を与える可能性がある」と言います。「頭がいいね」「よい絵が描けたね」と出来映えについてほめるよりも、「がんばったね」「工夫したね」という取り組みへの努力やプロセスの承認のほうが、かえって作業結果がよいとのこと。

さらに、「楽しそうだね。幸せそうで見ているこっちまでうれしくなるよ」といった「存在の承認」は、子どもの自己肯定感をグンと上げるというのです。

Ｂ君は「リアクションかかり」になりました。

授業中、誰かが発表すると「おーっ、そういうことか！」「すげぇアイデアだな！」「なーるほど！」といって大きな声を出すのです。

はじめのうちはみんなから「うるせぇよ」と言われていましたが、だんだんそのリアクションから笑いが生まれ、クラスの空気がなごやかになりました。

特に発表した子が、そのリアクションでうれしそうな顔をするのです。

そのうち、発表すると毎回、Ｂ君の顔を見る子が現れました。すると、絶妙のタイミングでリアクションが返ってきて、教室がお笑いライブの会場のようになることもしばしばありました。

ある日、そのＢ君が風邪で休んだことがありました。すると、４時間目にクラスの子がぽつんと「今日は何かおかしくない？」と言い出して教室が静まりかえったとき、Ｂ君がいつも他の子の存在を承認していたこと、そしてＢ君自身がクラスメイトからその存在を承認されていたことに気づいたのです。

〝あり方〟を意識してほめた瞬間、子どもの自己否定感は消え失せる

「かかりの時間」での活動は「仕事」ではありません。子どもらしく活動している（ゾーンに入っている）ときの〝あり方〟を意味します。

冒頭のコロンビア大学が発表した研究結果が示しているように、子どもたちが自信をつけるのは、〝あり方〟をほめられたときです。「サッカーがうまい」より「負けているサッカーの試合でみんなを元気づけていたね」とほめたほうが、子どもの琴線に触れるのです。

ですから、子ども同士でも当初は「〇〇ちゃんは、折り紙がうまいから折り紙がかりだ」「歌がうまいから歌がかり」と言っていたのに、時間がたつにつれ「折り紙をものすごく集中して折っているのがかっこいいから〝全集中がかり〟だ」とか「〇〇ちゃんの歌はみんなを元気づけるから〝100％勇気がかり〟」と言いだします。

これはゾーンに入っているその子の〝あり方〟を認め、ほめているのです。

お母さんは日頃から、お子さんが集中しているところをたくさん見ていると思います。

そのときにどうほめていますか？

「１００点取れてすごい」とか「うまく描けたね」と言っていませんか？　だとしたら、これからは〝あり方〟を意識して、次のようにほめてあげませんか？

「ものすごく集中していて感心するわ」

「楽しそうに描いてるね」

このとき注意していただきたいのは、注意点を指摘してはならないということです。

以前、親子で「かかりの時間」をやったときのこと。ある子どもが画用紙を手にして絵本を描きはじめ、すぐゾーンに入りました。するとお母さんが「目、近い」「もっと紙から離れて」と注意しはじめました。

あとでそのことを尋ねると、お母さん自身が小さい頃、夢中で絵を描いてると、「目を近づけるな」と両親に注意されたらしいのです。

一度、自分がかつて言われたことを脇に置くことも大切ですね。

そして、とにかく〝あり方〟をほめる。夢中になっている姿を「それでいい」と承認する。その瞬間、お子さんの自己否定感は消え失せ、自己肯定感だけがどんどん上がっていくのは、容易に察しがつくと思います。

親子で取り組むワーク

お子さんが夢中になってやっていることを一緒にやってみましょう

ポイント

お子さんがレゴやお絵かきなどに集中していたら、ぜひ一緒に取り組んでみましょう。細かい所作を指摘せず、活動中に素敵だなと感じたお子さんのふるまいをほめてあげてください。

ワークの様子

子どもが出したテーマでお絵描き。

1枚の写真を見て、そこからそれぞれが考えた物語を伝え合う遊び。

お母さんの報告

うちの子はお絵描きばかり。怒りたくなるのを我慢して、パパにも声をかけ同じテーマで絵を描いてみました。
お題は同じなのに、それぞれがイメージするポイントが違っていることに気づき、会話がはずみました。
「楽しかった！　ママと違ったのがおもしろい！」と子ども。パパは終わってから、いつもより楽しそうに子どもと遊んでいました。

2 宿題やテストも「かかり」として教えあえると楽しい

テストをお祭りにすると、子どもたちの反応は？

宿題やテストといった一見するとみんなで協力できないタスクも「自分を・まわりを」幸せにするという意識をもつと意欲的に取り組めます。

アメリカの経営学者であるチェスター・バーナードは「よい組織」には次の3点があると提唱しています。

- 目的意識が共有されている。
- 一緒に活動していこうとする。

●情報の共有や円滑なコミュニケーションがはかられている。

この3つがスムーズだと、構成メンバーの所属意識が高まり、その組織に所属している自分を好意的に感じるらしいのです。

「かかりの時間」をして3カ月ほどたつと、子ども同士の関わりも深まり、「みんなといると楽しい」という思いが強くなります。

その段階を見計らい、「テストという課題をみんなで解決しませんか。クラス全員で漢字テストの100点満点を目指そう」というイベントを提案したことがありました。

そのヒントとしたのが、上越教育大学の西川純教授が提唱した通称『学び合い』という「クラス全員が幸せになることを目指す授業」です。

全員がその時間の課題を知るところから授業は始まります。たとえば、「4桁×3桁のかけ算の問題を全員全問解けるようになろう」などです。終了時刻を伝え、教卓に置いた教材などを自由に使えるようにします。あとは、全員が課題達成に向けて協力的に教え合います。

しかし、この授業はなかなか定着しませんでした。教えたら損をする、勉強は1人でやるものだ、テストは競争だ、という固定観念が子どもの中で根強いからです。

ところが、同じことを「かかりの時間」に試したところ、思いがけない結果になりました。

漢字のテストだと抵抗を感じる子どもも多いと思うので、テストに代わる名前を公募します。結果、「漢字テスト祭り」になりました。お祭り実行委員長もつくりました。宿題を「お祭り」と名付けて毎日漢字練習に取り組みました。

漢字テスト本番は、目の前ですぐにぼくが採点します。そこで１００点をとった子が、他の子に一画だけヒントを出せるようにします。一画書いてあげると、漢字を思い出せる子どもが多くなり、有効なサポートになります。苦手な子はクラスの人数分の画数を助けてもらえるのです。このイベントはなかなか好評で、多くて7度、少ないときでも2度、全員が１００点をとりました。

「みんなのために」という気持ちが自己肯定感を高める

ところが、それでも書き取り練習をしないC君がいました。「やったけどノートを忘れました」「広告の裏に書きました」といったウソをつくのです。

これでは全員が100点になりません。「これはダメだ……」という空気の中、実行委員長が立ち上がり、泣きながらこう言ったのでした。

「もう1回、みんなでやらせてください。チャンスをください」

このときC君は初めて、宿題をすることが、目標達成に必要なこと、「みんな」というのは自分も含まれていること、まわりの子がC君を仲間だと認めていることに気づきました。

それからのC君は休み時間も練習するようになりました。実行委員長が「わたしがもっと声をかけたらよかったね。ごめんね」とつきっきりで練習につきあいました。

「漢字って、みんなのために、みんなを幸せにするために書くんだな」

C君の名言です。

「漢字テスト祭り」が終わってから、みんなに「どうやって漢字の宿題をしたの?」と聞くと、次のような返答がありました。

「みんなの喜ぶ顔を思い浮かべた」

「早く100点をとって、苦手な子を助けようと張り切った」

「○○ちゃんと同じ時間に練習した」

……それぞれの子がこうした思いを抱いて、いつもより多く練習。実はここに自己肯定感が高まる秘訣《ひけつ》があります。それは「みんなを幸せにするために」というC君の言葉にあるように、他者の幸せを願うと、「あの人のために……」という気持ちが強くなり、自分の存在価値が高まります。

また、誰かをサポートしてあげることで「自分は必要とされている」という思いも強くなります。「自分を・まわりを」幸せにするかかりの時間の考え方です。

そこでお母さんも、「宿題をどうやったらおもしろくできるか」を、親子で話してみましょう。

友だちと交換してノートに書く、さいころの目で書き取り練習をする漢字の数を決めるなど、意外なことを口にするかもしれません。

そんなアイデアに対しては、「それいい！」と言ってあげてくださいね。

親子で取り組むワーク

親子で宿題やテストをおもしろくする
アイデアを出し合いましょう

ポイント

お互いにリラックスしているときに「宿題をおもしろくやるにはどうしたらいいかな？」「テストや勉強を楽しくやるにはどうしたらいいかな？」と投げかけてみましょう。
子どもの発言をとりあえず受け止めることがポイントです。

たとえば…

宿題をおもしろくするアイデア

- たくさんの友だちと集まってやる。
- 一緒にやる子が順番に歌ったり踊ったりする。
- 宿題の量を自分で決め、先生に伝えてから家に帰る。

テストをおもしろくするアイデア

- 1枚のテストを参加者でリレー形式に解く。
- 自分でテストをつくってそれを解いて出す。
- テストで100点を取るたびに環境保護団体に募金する。

お母さんの報告

私は宿題をするのは当たり前、当然のことと思っているタイプなのですが、わが子の宿題への取り組み方に違和感がありました。
しかし、この機会に宿題の意義についてすり合わせができてよかったと思いました。
テストや宿題に対する考え方を聞いていると、「意外とちゃんと考えているんだ」と、わが子に感心しました。

3 応援ギフトで自分が役に立っていることに気づく

「応援かかり」になると、自己重要感も自己肯定感も上がる！

人間である以上、誰だって感情がゆらぎます。

感情の生き物といわれる子どもなら、なおのことでしょう。そんな子どもでも、感情のゆらぎを緩和させることができます。

それは「相手を応援する」ことです。「応援のかかり」になるのです。応援すると、「他人から評価されたい」「認められたい」という承認の欲求が満たされます。それによって、とても幸せな気分に浸れ、心が安定・リラックスします。

それだけではありません。相手を応援し続けていると、「あの人の役に立っている」と思えてきて自己重要感も上がっていきます。自己重要感が上がると、今度は「自分はダメな人間ではない」「他人から必要とされている」という思いが強くなります。

担任を受け持っていたある年、男の子が白血病になり半年ほど入院していたことがありました。

男の子をはげますため、その日1日の出来事を書いて本人に届けようと、クラスで決めました。日直さんが所定の用紙に、1日の時間割や主な出来事、彼へのメッセージなどを書いて、1カ月ごとにまとめてお母さんに渡すことにしました。

すると、子どもたちの書いたものは、その子らしさが実にいっぱいにじみ出ていました。ある子は4コマ漫画を描き加える。ある子はていねいに色を塗る。ある子はだじゃれをたくさん書く。ある子は空いているスペースに迷路を書いたりしていました。

子どもたちの「早く治ってほしい」「応援しているよ」という思いが、入院した子を応援するさまざまなアイデアを生んでいったのです。

応援にまさるギフトはない

このことがきっかけで、子どもたちと「ギフト」というワークを始めました。

学校に行きたくないときや、誰かとけんかしたときなど、心が折れた仲間がいたら、みんなで応援のプレゼントを贈るというものです。プレゼントといってもモノではありません。子どもたちにＡ４の紙を渡して、自分が与えられるギフトを考えてもらうというものです。

すると、大好きな景色を描く子もいれば、はげましの言葉を添える子、笑ってしまうようなギャグを記す子など、実にさまざまでした。

今まで、お母さんが困っているときにお子さんが応援してくれたことはたくさんあると思います。そういうときこそ、遠慮しないでお子さんからのギフトを受け取ってほめてあげてください。

その瞬間、子どもながらに「わたしはお母さんの役に立っている！」と思うはずです。

親子で取り組むワーク

お子さんと一緒にだれかを応援する
ギフトを考えてみましょう

ポイント

お金や長い時間をかけるのではなく、今この瞬間にもできることを考え、すぐに取り組んでみましょう。ギフトを贈った後のすがすがしい気持ちを感じてください。

用紙に書いてもらったギフトの例

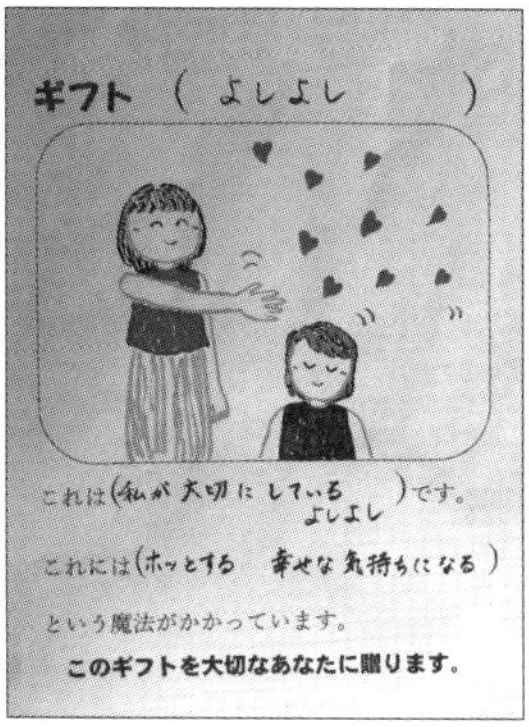

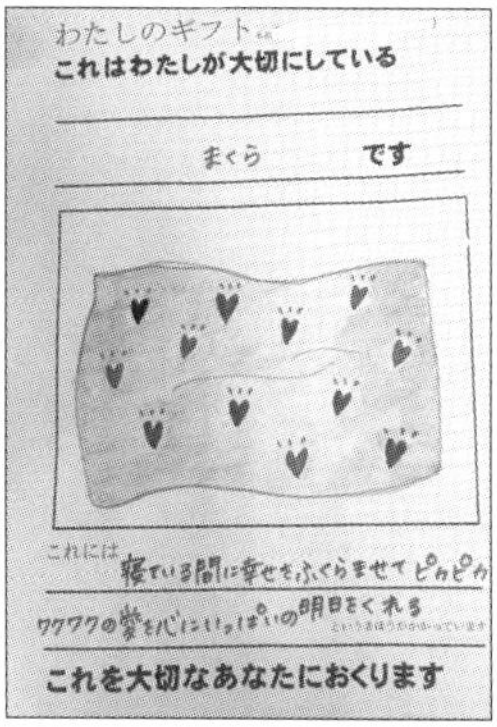

お母さんの報告

息子に「あなたならどんなギフトにする？」と聞いたところ、「『もう大丈夫』って言うまでそばにいる」って答えました。

そういえば、わたしがシングルになったとき、そう言ってはげましてくれたなあ。その出来事に感謝すると、子どもは照れていました。

4 「ノート版かかりの時間」を１００回続けてみよう

なぜ、１００回続けるの？

何かを成し遂げたとき、人は達成感を得られます。その成果の象徴としては勉強だったら「合格」や「１００点満点」、スポーツだったらメダルなどです。しかし、結果はもちろんですが、それまで積み重ねてきた努力の過程があるからこそ、その達成感は強く感じられ、自分を承認できるのです。

ルールや習慣の定着化をはかりたいときは、行動科学でいうところの「３の法則」を意識するといいといわれています。

最初の3日続けると行動が習慣化する。3週間（21日）続けると細胞レベルが習慣化する。3カ月（100日）続けると意識レベルが習慣化するというものです。

100日続けると、もはや意識しなくても、あたりまえのようにそれを行うようになります。

子どもたちが何かを100回取り組み、その達成感をみんなで味わえないものだろうか。

自分の好きなことが見つかって、思う存分表現できたらいいな。

自分の歩みが形に残るよう、ノートの活用をしたいな。

何よりもクラスの仲間全員と100回を続けてほしいな。

こうして試行錯誤しながら考えた末、「自主学習」と「自由学習」をミックスした「自学」というものを編み出し、「みんな、やってみない？」とクラスのみんなに提案しました。

自学は毎日15分〜20分、ノート半ページに自分の好きなことを書きます。「ノート版かりの時間」という趣《おもむ》きです。

朝、登校したらノートを提出し、ぼくはその日のうちにコメントを書いて返却します。

取り組み続けて全員が50回、100回、150回と続くたびに、実行委員を立ててお祝います。そして１５０回目を達成したときは、子どもたちが企画した授業を１日行います。

子どもたちは同じノートを使用します。25回ほどやるとノートのページがなくなるので、同じものを買います。最終的に４冊くらいになり、製本テープで貼り合わせて１冊の本にし、１年間が終わります。

１年の間に１５０回続けるためには、それなりの工夫が必要です。

まず、最初の半月は子どものノートをコピーして数人分、毎日配ります。全員が２度から3度コピーされます。仲間がどんなことをやっているのかを知ること、ネタに困ったときの参考にすることがねらいです。

開始10～20日くらいに、最初の壁がやってきます。そのとき、このコピーをそのまま写すことや、同じテーマに取り組むことを伝えます。

さらにノートを見せ合う時間ももうけます。記帳する紙を用意し、お互い50回を目指そうと伝え合います。

すると、「みんながいたから達成できた」と多くの子が語ります。ぼくのコメントもこの時期は、応援する気持ちを伝えます。

何かに100回、150回と取り組むと、子どもはここまで変わる

150回を終えて振り返ると、自分の好きなことが累積されているのに気づきます。

迷路ばかり描いている子は「迷路作家」と呼ばれ、以前は仲の悪かった子から「お前の迷路、難しくっておもしろいから、もっと描いてくれ」と言われるまでになっていました。

魚が大好きな子は、ほぼ毎日、魚の絵を描いていました。学校でも評判の、ものすごく手のかかる子でしたが、「魚博士」と呼ばれるようになると情緒が安定してきました。

初めて描いたシーラカンスがあまりにもイキイキしていてびっくりしたものです。

その子は突然、両親に「夏休みに福島の水族館に連れてって」と懇願したそうなのです。しかも、初めての物ねだりだったといいます。

水族館にはシーラカンスが泳いでいたそうで、食い入るように見て描かれたシーラカンスは、今にも泳ぎ出しそうでした。4月当初は1匹だけだったのに、150回を終えたときには、家族と同じ数のシーラカンスが泳いでいました。

自学のメリットは3つあります。

1つ目は、自分の好きなことを選べることです。

2つ目は、ノートの内容や項目を否定されず、本人のペースで続けられることです。

3つ目は、仲間と同じ目的であるにもかかわらず、個人がやりたいことを選択できる点です。

そして、これがとても重要なことですが、この3つのメリットが合わされば、**自己特有の才能が存分に生かせる**ようになります。

向上心や探究心も培われるようになります。

はた目から見て大変そうに思えることも、当人からすればそんなに大変には感じず、努力や辛抱もさほど苦ではなくなります。

そして何よりも、**自分にしかできない「かかり」があることに目覚め、それを行っている自分が好きになります。**そういう子の自己肯定感は「これでもか、これでもか」というくらい、どんどん高まるようになるのです。

親子で取り組むワーク

親子で100回、何かを続けてみよう

ポイント

ちょっとした、簡単なことから始めましょう。気づいたことをシェアし合ったり、声を掛け合ったりして100回を目指しましょう。

100回続ける自学ノートに子どもが記していたもの

迷路好きな友だちに影響されて描いた迷路。

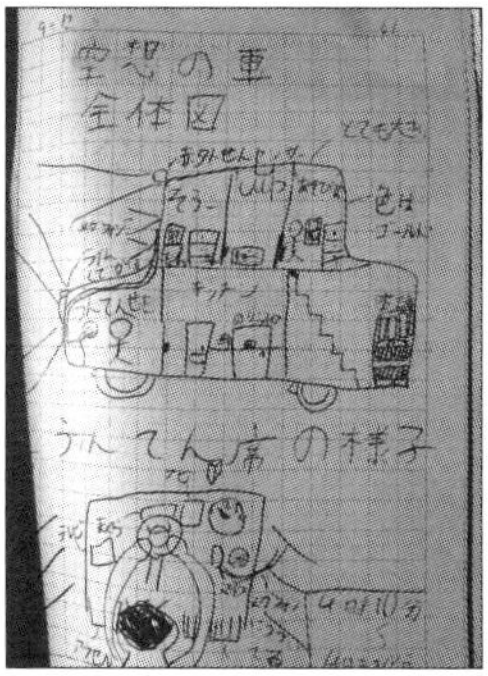

車が大好きな子が自学ノートに描いた想像の車。自動車会社に勤めるお父さんに見せたら感心されたそう。

お母さんの報告

子どもが「お母さんと登校するなら学校に行く」と言っていたので、ばなな先生から「100日一緒に登校してみたら」とすすめられました。
行きたくない日、雨の日、子どもの気持ちがわかりました。60日くらいで「明日から自分1人で行くよ」と言われましたが意地で100日やりきりました。最後、校門のところでハグしました。自分とわが子をほめてあげたいです。

第2章

観察力を磨いて自分の輪郭を輝かせる

じっくり見ることで大切なことに気づく

忙しいと目は手抜きをする

ぼくたちは目に映るものすべてを見ているつもりですが、自分にとって都合のいいものしか見ていません。

わかりやすい例が自分の鼻の頭です。ふだんは視界に自分の鼻の頭が見えません。鼻の頭が顔にあることを意識したとたん、鼻の頭が気になりだします。

ぼくが受け持ったクラスにみんなから「虫博士」と呼ばれる子がいました。校庭に遊びに行くと、虫を捕まえて戻ってきます。校外学習に出ると、目的地までの道中で虫を見つけます。

「どうしてそんなに見つけられるの？」とぼくが尋ねると、「虫を捕まえる鳥のような感覚で見ているんだ」と言いました。「なるほど」と思わず感心。

踊っているアイドルグループの全員の名前を言う、町を走る車の名前を次々に言うというのも興味・関心のあるものに視線をめぐらせているからにほかなりません。

その一方で、こんなこともありました。

子どもたちにアリを描かせたときのことです。

驚いたことに足を20本くらい描いたり、体が10節に分かれたアリを描いたりした子がいました。目がハートマークだったり、触覚の先に星があるアリを描いたりする子もいました。

そこで「これが本物だよ」と拡大映像を見せると、みんなびっくり。

どうやら、子どもたちはアリをこんなにじっくり見たことがないらしいのです。

このようにぼくたちは、普段の生活では「見ているつもり」でも見過ごしているものがたくさんあるわけですが、物をじっくり見ると、対象物についてたくさんの情報が目（目は脳の出先器官）に飛びこんできます。

現代人の1日の情報量は江戸時代の人の1年分、平安時代の一生分といわれています。

そのすべてに対応すると脳がオーバーワークになるために、目のスピードを速くして情報を飛ばす技を身につけたという説があります。それが行きすぎると、先ほどの児童が描いたようなアリになるわけです。

目のスピードを落とすと、なぜ自分を好きになるのか

元小学校教師の酒井臣吾氏が考案した酒井式描画法に「カタツムリの線」という技法があります。

カタツムリが這《は》うようなゆったりしたスピードで鉛筆の先を動かします。線のスピードが目のスピードです。ゆっくりと対象を眺め、目のスピードに合わせて鉛筆を動かしていきます。

すると味わい深く、線のきりりと立った、見る側に訴えかけてくるような線が描けます。線の集合体が作品になります。当然味わい深い作品ができます。

教室で1年生を担任したとき、自分の顔や育てたアサガオを、この「カタツムリの線」でゆっくりと描いてもらったことがありました。

深呼吸して、心を落ち着かせ、鉛筆を持った手元に気をとられないで、目が自分の顔やアサガオを見るゆっくりしたペースにあわせて鉛筆を動かします。すると、子どもたちはものすごく集中して取り組むようになり、ゾーンに入っていきます。

描きあがると、「気持ち悪いくらい似ている」とか「いいのが描けた」という声があちこちから上がります。

しかし、なかにはどうしても自分の顔やアサガオを凝視せずに、紙に描かれた線や出来上がりばかりを見てしまう子どももいます。

そうした子どもは「うまく描けているかな」「変な絵って言われないかな」と絵の評価ばかりを気にしています。目の前の顔やアサガオを見ているのではなく、評価されて一喜一憂している自分を見ているのです。

こうした子どもたちは総じて目のスピードが速いので、こちらの指定した場所を見てもらったり、一度落ち着いてもらったりしています。

お母さんたちも、今までの人生において「よい絵が描けた」「よい文章が書けた」と感じ、爽快《そうかい》な気持ちになったことがあると思います。それは自分の見えたものを自分が見えたまま表現したからにほかなりません。

そんなお母さんにお聞きしますが、お子さんに向かってつい、「早く」「ちゃんと」「しっかり」という言葉を使ってしまいませんか。ぼくも先生をしていた頃、その言葉を口にしない日はありませんでした。

実はこれが大人の盲点で、これらの言葉を発しているとき、目の前の子どもをほとんど見ていません。「次にやるべき用事」や「それができずに困っている自分」を見ています。**忙しさのあまり、子どもを「見たふり」をして進んでいる**のです。

この言葉にはっとしたら、まず自分が忙しさに追われていることに気づいてください（ただし、お子さんを思う気持ちから出てきた言葉なので一生懸命にがんばっている自分を責めないでくださいね）。

そしてゆっくり深呼吸。あたりを見回し、目に飛び込んできたものをじっくり観察してください。それはきっとお母さんの好きなものに違いありません。それを愛《め》でてください。

ここからは、「じっくり見る」ことと「自分を好きになる」ことには、どういう関係があるのか？　じっくり見ることがなぜ子どもの自己肯定感のアップにつながっていくのか？　また、じっくり見るためにはどういう活動をすればいいのか？　ワークを通じてヒントを得ていただければと思います。

1 動物、植物を、目のスピードを落として観察しよう

観察力をつけると、地頭がよくなる

お母さんは「地頭」という言葉をご存じですか。地頭とは知識量やペーパーテストの成果では推し量れない、総合的な人間の能力のことを言います。

つまり、地頭がよい人というのは次のような人を指すのです。

- 頭の回転が速く、論理的な思考をする人。
- 多角的に物事を見る人。
- コミュニケーション能力が高い人。

●表現力が豊かな人。

これらが総合的に身についている子どもは人間性が豊かで、さまざまな局面を乗り越えることができます。

地頭を鍛えるためには、観察力をつけることが大切だと言われています。観察とは課題を持って、事象の変化や物事の行く末を見ることです。

意欲を持ち、予想や予測を立て、変化に反応しながら、じっくり観察する。これって、確かに地頭がよくなりそうですね。

じっくり見るだけで、絵もこんなに変わる

動植物の骨組みや成長を予測したうえでじっくりと観察すると、対象物への興味が増し、細部にまで意識が向くようになります。

理科の時間に植物が成長する様子を倍速で再生した動画を観たことがあります。子どもたちから「おー」という歓声が上がります。気づいたことを書いてもらうと、必

ずこう記します。

「植物ってまっすぐに成長するんじゃないんだね」

植物は太陽の向きに花を向けて回りながららせん状に成長していきます。そうすることで、最も効率よく成長できるといいます。

葉っぱの付き方も同じでらせん状になっています。光合成をしやすくするため、葉っぱ同士に均等に陽《ひ》があたるように配列されているのです。

葉っぱだけではありません。「松ぼっくり」や「ひまわりの種」の種子の並び方もらせん状です。強度を保つためです。花びらも同様に並んでいます。これらは「生命の曲線」と呼ばれ、巻き貝、台風、遺伝子なども同じように構成されています。

こういったことを写真と共に説明し、その後、実際に植物を観察します。

すると、地頭のよい子は「植物が成長していくのが見える」と言います。植物を注視しすぎて「植物がこっちに向かって伸びてくるようで気持ち悪い」と言う子もいます。

そして、明らかに植物のらせん構造を理解した、本物のように見える絵を描くようになるのです。

動物の場合は、骨や筋肉のつき方、動かし方がどうなっているかを予測して観察します。実際の骨と筋肉の動きがわかると、動物がどのようにして動いているのかがわかります。

犬や猫や動物を飼っている子はすぐに気づきます。中には、「動物の動きが予想できる」「骨が動いているのが見える」というすごい子までいます。

そういう子が描く動物は、飛び出してくるような作品になります。対象物への興味と理解が根っこにあるからでしょう。

観察力の優れた子は、そもそもの動き方や、物事の変化や顛末《てんまつ》を予想しながら見ています。

このような子どもは当然のことながら、自分への興味や理解にも優れ、自分のことも同じように、じっくりとありのままに観察します。おのずと、自己肯定感が高くなっていくのです。

お母さんもお子さんと一緒に自然に触れ、植物や動物を観察してみてください。

親子で取り組むワーク

カタツムリの線で
葉っぱの絵を描いてみましょう

ポイント

葉っぱの輪郭や葉脈をゆっくりと目で追いかけます。目のスピードと同じくらい（カタツムリが這うような）のゆっくりしたスピードで線を引きます。

カタツムリの線で描いた絵

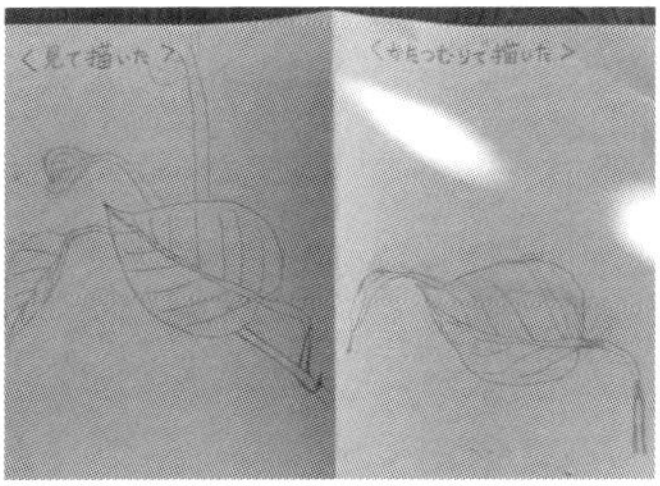

左が普通の線で描いた葉っぱ、右がカタツムリの線で描いた葉っぱ。右のほうが葉っぱの質感が伝わってくる。

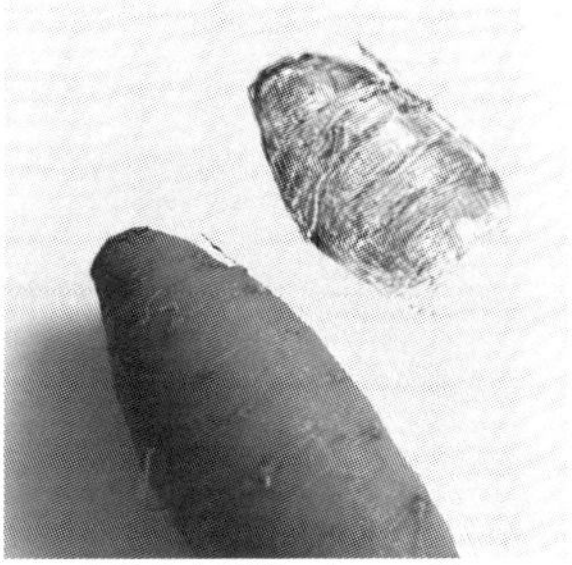

お母さんが描いたニンジン。

お母さんの報告

私がカタツムリの線で絵を描いていたら、子どもがやってきたので一緒に絵を描いてみました。子どもは描きながら「へぇー、葉っぱってこんなふうになっているんだね」と驚いていました。できあがった作品も「とっても似ている」とうれしそうに眺めていました。それ以来、子どもが部屋のものや庭の植物の変化に気づくようになりました。

2 親子で、自分を算数の数式で表すとどうなる？

子どもを数式で表すと、普段、気づかないことが読み取れる

自分を算数の数式で表してみると、自分の特徴や長所などを再認識、再発見することができます。

日本を代表する経営者である稲盛和夫さんは、生前、ぼくたちに次のような名言（数式）を残してくれました。

人生・仕事の結果＝考え方×熱意×能力

考え方だけでもダメ。熱意だけでもダメ。能力だけでもダメ。この3つの要素がかけあわさってこそ、人生と仕事の結果が決まるというのです。

また、熱意や能力がプラスであっても、考え方がマイナスだと、人生と仕事の結果もマイナスになってしまうことがこの数式からもわかるでしょう。

人生や仕事に限らず、自分という人間のことを数式で表すとさまざまな気づきが得られ、お子さんの場合、それが自己肯定感のアップにつながっていきます。

もう少し詳しくお話しすると、お子さんを数式で表すと、ふだんでは気づくことのない自分の特徴、長所、クセ、人柄……といったものを読み取ることができます。

そうした一連のパーソナリティをお母さんが承認していくと、お子さんは喜びます。

「わたし＝お母さん＋お父さん」で、きゅんです

小学校で教べんをとっていた頃、ぼくはクラスの生徒たちに「みんな、自分のことを算数の数式で表してみようよ」と提案をしたことがありました。

まず、自分を例題に出し、「自分＝コーヒー＋ポテトチップス＋バナナ」という数式を

黒板に書きました。

「どういう意味なの？」と聞かれたので、コーヒーは「いつも職員室から帰ってくると元気になってるのはコーヒーをエネルギーにしているから」、ポテトチップスは「机の引き出しにこっそり入っていて授業がへたでへこんだ放課後、食べて元気を出す」、バナナは「主食、元気の素《もと》」だからと伝えました。

すると、子どもたちもノッてきて、思いついた子から前に出てきて、次々と数式を書きはじめました。

わたし＝兄へのうらみ＋姉へのむかつき
ぼく＝サッカー選手＋Ｊリーグ－三浦知良

なかには、「ぼく＝ピカチュウ×ピチュウ×ライチュウ÷電気」と書いた子どももいました。正直、ぼくにはよくわかりませんでしたが、書いた子がとても楽しそうだったのでＯＫ。みんなも大笑いです。

印象的だったのは、ある子どもが「わたし＝お母さん＋お父さん」と書いたときでした。

みんなが「そうだよね」とうなずき、教室に温かい空気が流れました。

ぼくも思わず胸がきゅんとしました。当たり前のように見えがちですが、本質をついた数式でした。

お母さんが自分を算数の数式で表すと…？

お母さんに提案があります。このような要領で、「自分を算数の数式で表したらどうなるか？」をお子さんと考えてみませんか。

その際、まず、お母さん自身が自分を構成する算数の数式をつくり、それをお子さんに見せてあげてください。そして、「一緒につくってみない？」とうながしてみるといいでしょう。

たとえば、次のようにです。

お母さん＝やさしい＋元気
お母さん＝勇気＋怖がり－ナス嫌い

よかったらお子さんにお母さんの数式をつくってもらいましょう。

そのときの魔法の質問があります。

「お母さんって何に似ている？」

「お母さんって何をしたらパワーアップするかな？」

「お母さんって何をしているときが楽しそう？」

こうしてお子さんがお母さんをどのように見ているのかを聞いてみることは、自分を数式で表すときの発想を広げるために大切です。

また、お子さんに算数の数式を考えてもらうとき、お子さんの長所、好きなこと、好きな食べ物などを数式にして表してみるように口添えすることも大事です。

そして、お子さんが算数の数式をつくったら、それがどんなものであれ、認めてあげるようにしましょう。仮に、自分の意に反しても多少は許してあげてください。

親子で取り組むワーク

親子でお互いを算数の数式で表してみましょう

ポイント

お互いの素敵なところ、その人らしいところをピックアップして数式をつくってみてください。

親子で似ているところ、違うところ、なぜその数式にしたのかなど、伝え合ってください。

たとえば…

長女 = 明るい × ムードメーカー × 視野が広い × 気配り上手

お母さん = 挑戦する人 × 芯が強い × 向上心

お母さん = ガミガミ + よく泣く − ダンス好き

お子さん = ゲーム好き × かけっこ大好き ÷ よく笑う

お母さんの報告

子どもは「算数の数式」がおもしろかったらしく、一緒にお風呂に入ってもやっていました。家族だけじゃなく、先生、友だち、しまいには車や自分のゲーム機も数式にしました。

「お父さんやお兄ちゃんの数式を考えるとき、2人をじっくり観察するんだ」と言っていましたが、確かに数式を見せてもらうと、「この子、人のことをよく見ているなあ」と感心します。

3

「こうなったらおもしろい」という世界を見つけよう

「遊び」と「遊び心」はどこがどう違う?

理科の事象を「こうなったらおもしろい」と予測しながら見ると、センスや独創性が育ちます。ここには、子どもの自己肯定感を上げる要素の1つである「遊び心」が関わっています。

オランダの歴史学者であるホイジンガは「遊びが人間活動の本質であり、文化を生み出す」と唱えています。遊びがあるおかげで人類は豊かな生活を送ることができたというのです。

「遊んでいる暇があったら勉強しなさい」とお子さんを叱《しか》ってばかりいるお母さんからす

れば、ドキッとしたのではないでしょうか。

お母さんは、「遊び」と「遊び心」の違いについて考えたことがありますか。

まず「遊び」には、①自分から始め、②楽しさを伴い、③自己完結するという3つの要素が含まれています。**遊びが子どもたちにとって大事なのは、誰かに言われてするのではなく、自分から始め、楽しくなくなったときに自分で完結できるからです。**

これに対して「遊び心」というのは「遊びたいという気持ち」「遊び半分」の他に、ユーモアがある、ゆとりがあるという状態が含まれています。

遊び心を持っている人を想像してください。人間的なゆとりをもった方が多いのではないでしょうか。そして、そういう遊び心のある人は以下の5つの資質を兼ね備えています。

①協調性や人を助ける余裕。
②メリハリのある言動。
③ストレス耐性。
④ユーモアやセンス。
⑤知識や情報源。

これらを備えた方は、自己肯定感の高い人に見られる、「主体性があり、チャレンジを続けられ、良質なコミュニケーションをはかれる」といった要素を身につけています。

「こうなったらおもしろい」を見つけるのも「見る」につながる

さて、小学校3、4年生の理科は、空気でっぽう、豆電球、モーターカー、水の変化など、「自分から始め、楽しさがあり、自己完結する」という遊びの要素がたくさんあります。

自ら手を使って実験できるものが多く、遊び心を広げていくうえで最高の教材ばかりです。

ところが年々、学習先取りの流れは加速していて、3年生の段階で5、6年生の内容を学んでいるケースも珍しくありません。3年生を受け持つ先生がクラスの児童に初めて磁石のセットを渡した途端、1人の子から「あっ、鉄しかくっつかないから」とネタバレされ、「頭にきた」と言っていたくらいです。

3年生で習う理科の単元に「磁石につくもの」というのがあります。

授業の最初に子どもたちに磁石を渡し、磁石につくものを自由に探してもらいます。すると、子どもたちは教科書にくっつけたり、木の枝につけたり、人にくっつけたり……。

先生からしたら、土につけたら砂鉄がついて大喜びというシーンを期待するものですが、「鉄しかくっつかないから」と言われると、子どもの感動もとたんに半減します。

また、先生が子どもたちの関心を台無しにするケースもあります。

あるクラスの授業を見学に行ったときのことです。磁石を配っていたとき、ある子が「水につくかな?」ってつぶやいたことがありました。

それまでの児童と先生の関係もあるのかもしれませんが、先生は「つくわけないでしょ、まじめにやってください」と一喝。

ちょっと複雑な気持ちになりました。

子どもがつぶやいたひと言は、子どもにとっての「遊び心」であり、その子の頭の中にある「こうなったらおもしろい」というユーモア・独創性・センスといったものを見つけるのも、「見る」ことだと思うのです。

そこで、ぼくはこの授業をきっかけに、「磁石に何がついたらおもしろい?」と子どもたちに尋ねてみました。すると、「好きな子」「おいしい食べ物」「うんこ」「お金」など、いろいろな答えが返ってきました。

「何がおもしろい？」と尋ねることがポイントで、そうすることで子どもたちの「遊び心」が広がります。

磁石でいえば、そのようなやりとりのあと、本当に試してみたくなります。不思議なことに鉄という答えを知っている子さえ、木に試していました。

お母さんも「正しいことを答えなければ……」という気持ちでいると、気負ってしまうと思います。

だとしたら、正しい答えはとりあえず横に置いといて、「どうなったらおもしろいと思う？」という遊び心を引き出す質問を自分にもお子さんにもしてみませんか。

お子さんの「見る」が遊び心に火をつけ、自己肯定感を上げる養分になっていくに違いありません。

親子で取り組むワーク

磁石に何がくっついたら
おもしろいかを考えてみましょう

ポイント

心の中の磁石を見つめる感覚で、正しさより自分の中からでてくる無邪気な「遊び心」を大切にしてください。

実際のワークで使っていたシート

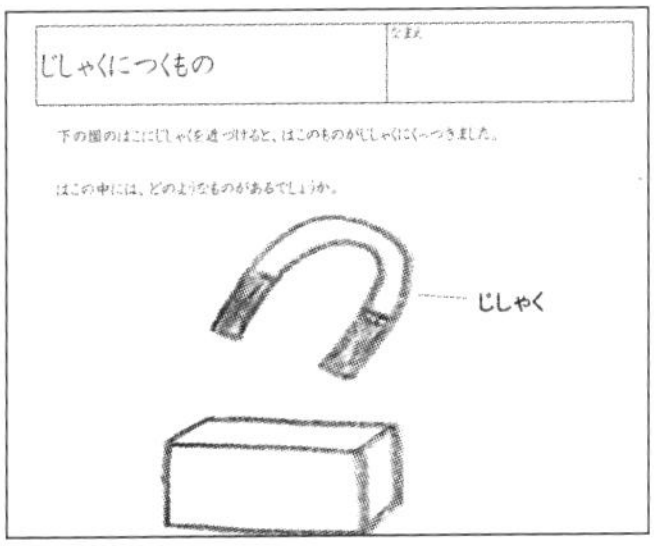

じしゃくにつくもの

なまえ

下の図のはこにじしゃくを近づけると、はこのものがじしゃくにくっつきました。

はこの中には、どのようなものがあるでしょうか。

箱の中に何が入ってたらおもしろい?

お母さんの報告

「磁石に何がくっついたらおもしろい?」と聞くと、「ゲーム」「お金」などと言ってから、「太陽」「電動自転車」と答えました。「どうして太陽なの?」と理由を聞くと「お母さん、さっき、洗濯物が乾かなくって困ってたから」とか、「電動自転車を欲しがっていたから」と答えたのには驚きました。

思いつきのように感じられても、子どもなりの根拠があるんですね。わが子は何も考えてないんだろうな、と決めつけていた自分を反省しました。

4 変わっていくものを観察して新しい発見をしよう

「観察」の本当の意味

何かを真剣に観察すると、それが予想を裏切る結果だったとしても、「新しい発見」を得られた喜びで、自分の洞察力に自信が持てるようになります。

観察というと理科の時間にモンシロチョウの幼虫やヘチマの種などを見たという経験があると思います。たいていは興味がなく、「先生に言われたので見ました」程度の感覚だったと思います。

本来の観察には3つのステップがあります。

ステップ1：関心を持つこと。
ステップ2：思い込みをはずし、「何か知らなかったことがあるはずだ」という視点で見ること。
ステップ3：差（変化）を見つけること。

お母さんにお尋ねしますが、お子さんと散歩していて、お子さんが予想外のモノを発見した、ということはありませんか。それは、お子さんが散歩中も「何かあるだろう」という意識で外を見ているから起こるのです。まさに、この3つのステップを地で行っているわけです。

観察に大事なのは、関心と着眼点で、後者には2つのポイントがあります。

●時間の流れによる変化に目をつける。
●量と質の変化に目をつける。

わかりやすいたとえを出すと、夏休みに「セミの羽化《うか》を見た」とか「夏の夜空の大三角を見た」とうれしそうに語る子どもがいます。これらは時間の経過と共に、形や位置が変わっていったりする様子を予測しながら観察し、実際の変化を見届けたからです。

何かの変化に対して、子どもは関心を持つ

観察力が身についていくと変化に敏感になるため、偏った決めつけが減ります。変化を予測しながら観察するため、集中して見つめます。

「きっと何かあるぞ」という変化への予想を期待して見つめたとき、望んだ結果になるかどうかにかかわらず、新しい発見をしたことが自信となります。この積み重ねが自己肯定感の向上につながっていくのです。

理科の時間、ろうそくの炎を観察したことがありました。マッチでつけては消す、つけては消す……を繰り返し、その一つひとつの様子を観察しました。

消すと一筋の煙がまっすぐ上がっていく。

その煙に火を近づけると、離れているところからでも火がつく。

燃えているろうそくのまわりに、もやもやしたものが見える。

などなど、誰かがマッチを擦ると、グループの子どもたちが身を乗りだしてろうそくを見つめます。やがて変化を予測しだし「どのあたりで火がつくのかな？」とか「時間をあけても火がつくのかな？」という会話が飛び交います。実際に実験すると、子どもたちはゾーンに入っていきます。

「よかよか学院」のスタッフである中村博子さん（なかやん）は、自宅でヘビ、カメレオン、鳥、ハムスター、海の生き物などを飼っています。数十種類いて、ちょっとした動物園です。

ヘビやカメレオンの脱皮など、動物の変化を子どもと一緒に見ているといいます。そして、動物の変化から気づいたことをたくさん話すそうです。

お母さんも、子どもとお互いに観察したものの変化を伝え合いましょう。その時点で子どもが微笑《ほほえ》めばしめたもの。

好奇心・探求心が膨らんでいき、またひとつ自己肯定感を高める養分を吸収したことになります。

親子で取り組むワーク

ろうそくに火をつけたり消したりして様子を観察してみましょう

ポイント

ぜひ、童心に返って一緒に火をつけたり消したりしてみてください。
変化に気づいたその瞬間に湧き出てきたことを言葉にしてください。実習後、体験してどうだったかを伝え合ってください。

親子でろうそくを観察している様子

子どもは次のような発見をしたそう。

- 火が消えると、必ず最後に煙が出る。消えるときは炎の真ん中からなくなっていった。
- 芯のところがオレンジ色になる。やさしく息を吹くと、火が暴れる。
- 火が右、左に動くときがある。
- マッチは力強く擦ると火が出る。

お母さんの報告

知っているつもりのことも、あらためてやってみると新しい発見がありました。
子どもたちが1本では飽き足らず、ろうそくの本数を増やしたり、ろうそくを固めたり斜めに立ててみたり、試行錯誤しだした様子を見て、子どもの探究心に感心しました。

第3章

アーティストになって自分の世界を表現する

誰もが独特の世界観を持ったアーティスト

アーティストのイメージは？

お母さんは「アーティスト」という言葉を耳にすると、どのようなイメージがありますか。何を連想しますか。

音楽家、漫画家、作家など、秀でた技術やセンスで生業《なりわい》を立てている人、エンターテインメントの世界で多くの人を喜ばせている人などを思い浮かべるのではないでしょうか。でもそうなると、権威のある人、合格ラインを越えた人、大衆に支持されたメジャーな人しか「アーティスト」と呼ばれないような気がします。

図工の時間に、低学年の子どもに「先生、わたしの絵、（展覧会に）入選する？」と聞かれて、複雑な気持ちになったことがあります。

「好きなように描きなよ」と言っても、「いや、入選する絵が描きたい」「りんごをどの場所に描いたら入賞するの？」と〝困ったレス〟を返してきます。

アートはラテン語で「才能」「技術」という意味の言葉です。

つくり手の哲学、世界観が表現された世界、気持ちの表れ、もっというと「つくり手そのもの」なのです。そのことを、ついぼくもお母さんも忘れてしまいがちです。

ぼくらは固有の世界を見ています。自分が見ているものを見たまま表現できると、自分の脳内世界を表現しきれたことに喜びを感じます。しかもそれが称賛されれば、自分が認められたようにうれしくなります。

見えたものを見えたままに

ぼくがかつて勤務していた学校では、年末に「書きぞめ」をします。冬休み前にクラスで1名代表を選びます。選ばれると冬休みに学校に来て、市の競書会に向けて練習します。そこで入賞すると県の競書会に進みます。

ぼくは字がへたくそなので、同じ学年の書写担当のE先生に指導をお願いしました。E先生は厳しい指導で有名でしたが、関わった子どもが競書会に入賞するので一目置かれていました。

練習して数日たったとき、E先生がぷりぷり怒りながらぼくのところにやってきました。

「あの子、いい加減にしてよ」

どうやら、ぼくのクラスの代表Kさんだけ、先生の言うことを聞かないらしいのです。

翌日、練習が終わってからKさんと話をしました。

「E先生の指導のことなんだけれど……。先生が言ったように書くのは難しいのかな？」

Kさんはうつむいたまま。しばらくたってようやく、「見えないんです。先生の言っているようには見えないんです」と、ぼそっと言いました。

その言葉にボクはピンときました。Kさんは、とっても几《き》帳面《ちょうめん》な性格をしていて、お手本通りに書きたかったのですが、そのお手本と先生の言っている字の形が彼女には違って見えるらしいのです。

「あなたには見えないんだね。よくわかったよ。君の見えたまま、そのままに書きなさい。先生、応援するよ。E先生には何とか言っとくから」

Kさんは強くうなずいてくれました。

やがて競書会が終わり、審査の結果を見てびっくり。Kさんだけ入賞していたのです。

E先生は「いつもと違う審査員になって規準が変わってしまって……」とこぼしていましたが……。

ちなみに、Kさんにいただいた寸評は、次のような言葉でした。

「お手本通り、力強く書けています」

しばらくたってから、Kさんのお母さんがわざわざお礼を言いに来てくれました。

「あの子、先生に『見たままを書きなさい。そのまま書いていい』と言われたのが、とってもうれしかったようです」と、涙を流しながら語ってくださいました。

そしてKさんは入賞後、今まで以上に書道に熱心に取り組むようになったのです。

「現実」はその人が見たもの

ところで「見たまま表現する」とは、どういうことでしょう。

ぼくたちは、みんなが同じところを見ていると思いがちですが、実は一人ひとり見ているところが違うのです。

新任の先生の頃、教室で子どもたちに「黒板を見てください」と言いましたが、ぜんぜん見てくれません。あまりにもバラバラなところを見ているので「君たち、黒板って言われたら、どの場所をイメージするの？」と聞いたことがありました。

すると、日付のところと思う子、黒板消しのところと思う子、後ろの連絡黒板だと思う子などがいることが判明。「黒板のイメージだけで、こんなにも見る場所が違うんだ」と感心したものです。

そこでぼくは「地図を見てください」「四角で囲んだところを見てください」といった具体的な指示を出すようになりました（それでもそれを見ていない子どもたちがいることがわかりましたが）。

ハーバード大学の講師ショーン・エーカーは「〝現実〟とは、その人が選択したもの」と述べています。

確かにその通りで、同じことを見たり経験したりしているのに、こんなにも感じ方が違うのは、人それぞれが受け取った情報を自分固有のフィルターで解釈しているからなのでしょう。その解釈がその人の目の前に広がる〝現実〟と言ってもいいのです。

見えたものを見えたまま表現すると自分を好きになる理由

図工の時間、子どもたちが校庭で絵を描いたときのこと。子どもたちの様子を見ていると、F君という子の近くに人だかりができていました。

「チョウが紫なんておかしいよ」と他の子から責められているのです。

のぞいてみると「紫色のチョウ」が小さく描かれていました。

F君はうなだれていました。

あたりにはモンシロチョウが飛んでいました。おそらくこれを描いたのでしょう。

そこで「ねぇ、見えるんでしょ？　紫色に」とぼくが尋ねると、F君はうなずきました。

「それでいいと思う。その色に見えるんだから絶対に変えないでほしい」

それから、F君は紙を裏にして絵を描きはじめました。

自信がなく、小さかったチョウが、大きく生き生きと描かれました。他の子たちが「すごい！」と称賛するのに、それほど時間はかかりませんでした。

何よりもすごいと感心したのは色使いでした。白にちょっと紫、ちょっと青を混ぜて、なんともいえない透明感を出しているのです。

「アーティストのＦにはそう見えたんだから、それでいい！」

作品が、そう言っているように感じました。


お母さんが子どもの頃、見えたものを見えたまま、正直に伝えたら、親にびっくりされたり、叱られたりしたことはありませんか。

それは、お母さんに見えた現実と親に見えた現実が違うからです。

お子さんが知覚したものを一度「そう見えるんだね」と受け入れることは、お子さんの世界を肯定することにつながり、ひいては自己肯定感のアップにつながっていくのです。

1 写真を撮ることで自分が見ている世界を知ろう

写真はその子らしさそのもの

ぼくらの運営する場「よかよか学院」にフォトグラファーのいしかわいづみさん（いづみん）というスタッフがおり、子どもたちに自由に写真を撮ってきてもらうワークショップをしています。彼女いわく「写真にはその子らしさがものすごく出ている」と言います。そこに参加した子どもたちは、花のアップ、ナイショの抜け道、空に浮かぶ雲などを撮っていました。写真は「わたしはこういうふうに見ていますよ」という自分の見ている世界の紹介だそうです。

子どもたち一人ひとりが、それぞれ違うところを見ていることは理解していても、どういうふうに見ているのかを知りたくて始めたワークに「○△□の物語」というものがあります。

紙に図形と○、△、□が1つずつ描いてあります。紙を回転させたり、紙と目との距離を変えたり、じっと見つめたりして、パッと見えた絵とその物語を描くというものです。たとえば、部屋に見えたり、顔に見えたりする子もいます。今まで1000人以上の子に描いてもらいましたが、その絵は一人ひとり違います。

つまり絵には、描き手の個性が目に見えて表れるのですが、それをほめたり、肯定してあげることで、子どもたちは自分の世界観に自信が持てるようになります。

見ている世界は一人ひとりが違う

ぼくは子どもたちが描いた絵にマルなどの評価やコメントも付けず、ただそのまま掲示しておくだけにしました。自分の見えた世界（視点）を承認することが大切だからです。

そんな子どもたちの絵をつぶさに観察すると、描かれているものは違っているものの、大きく分けるとだいたい次の4つのタイプに分類できます。

ふかん型：鳥の目のように上からものを見ている。アイデアがユニークでアーティスト気質、全体像がつかめるまで動き出さないが、つかんだあとは行動が早い。おとなしそうに見えるが芯は強い。

直情型：手の届く距離まで近づいてものを見ている。感覚的、直感的。出し抜けに動き、こだわりが強い。情熱的で行動力がある。おもしろがる天才。

劇場型：異質なもの同士を1枚の絵にまとめる。リーダー性が高い。発案者、華のある人。コンセプトがあると燃える。打たれ弱い部分もある。

調和型：○はボール、△はおにぎり、□はカバンなど、それぞれの形にあてはめて物事を見ている。調整役、お世話好き。それぞれのよさを見いだせる。チームのバランスを考えて動く。チーム内のお母さん的存在。がんばりすぎることも。

これらの絵を掲示していると子どもたちはしだいに仲良くなっていきます。

ある日、特定の子にずっといじめられ続けていたF君が熱心に絵を見ていました。そこにずっとF君をいじめていたG君がやってきました。

ふかん型の作品例

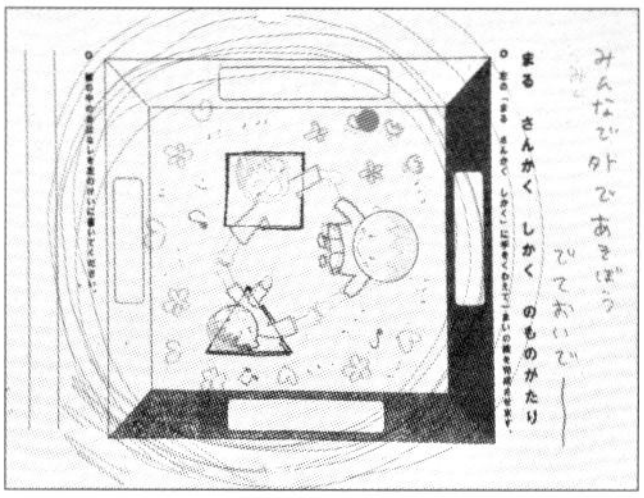

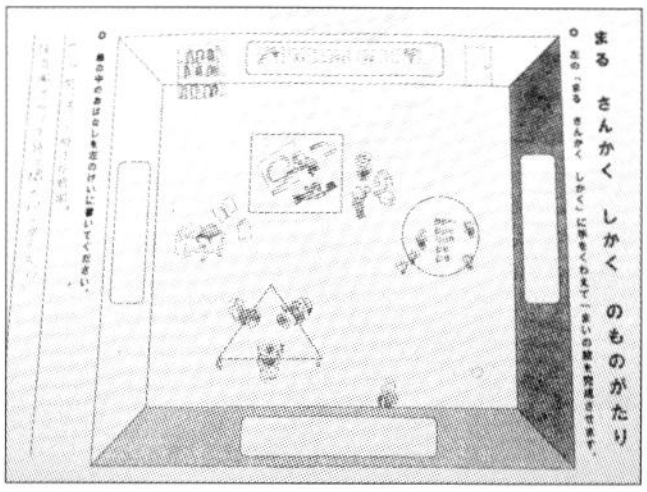

直情型の作品例

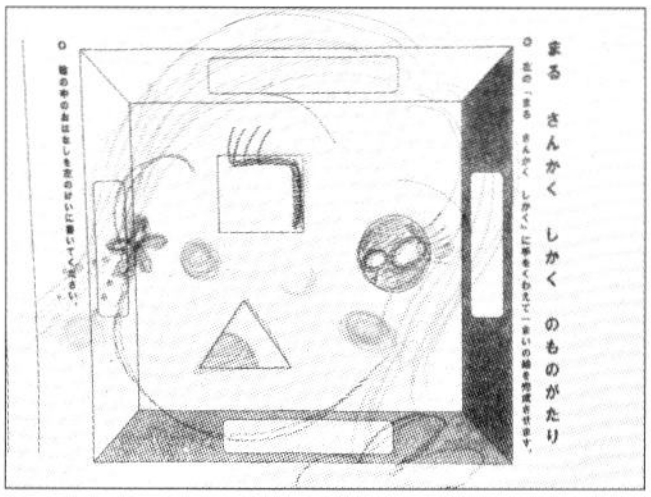

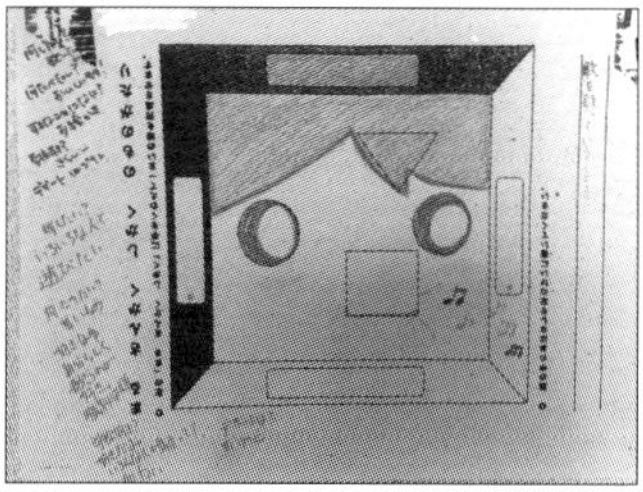

G君は自分の絵と、F君の絵を交互にじっと見ていました。ぼくは「何か意地悪でもするのかな」と身構えましたが、なんとG君が「今までごめんな」と謝ったのです。

さらに驚いたのは、F君もG君の絵を見て「いいよ」と言ったことでした。

2人は同じタイプの絵でした。できすぎた話に感じると思いますが、きっと同じような苦しみ、同じような悲しみがあったことを悟ったのだとぼくは考えました。以来、F君とG君は

劇場型の作品例

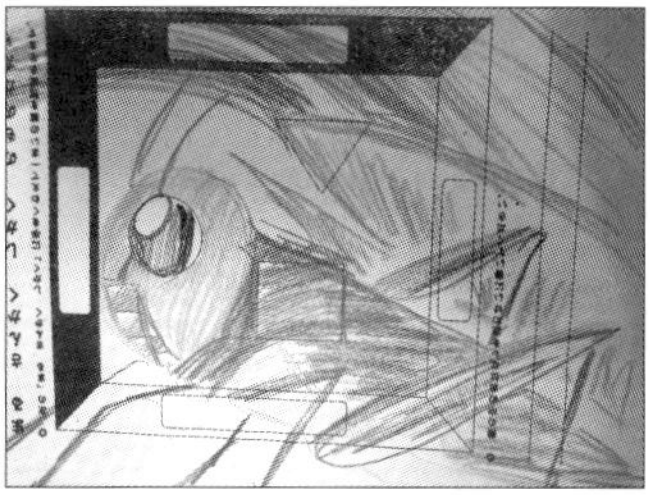

調和型の作品例

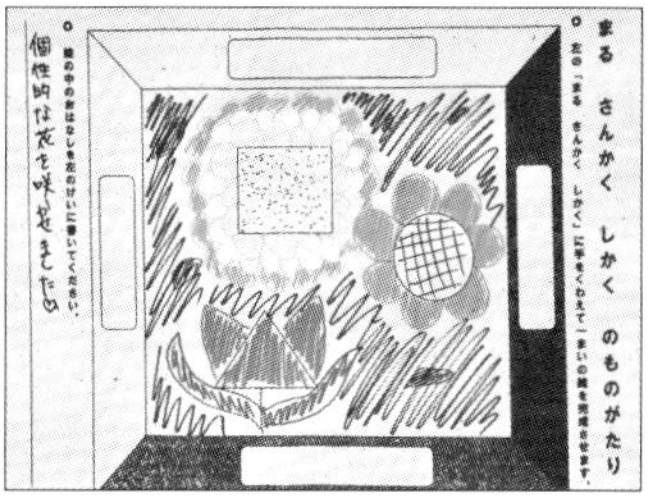

毎日遊ぶ仲になりました。

親子であろうと、ぼくらは一人ひとり見ている世界が違います。見ているところが違うと、そこから派生する思考、行動も違ってきます。

そして、お互いの視点の違いを「そういうふうに見ているんだね」と承認しあうと、共感能力が高まり、相手と仲良くなれるだけでなく、自分に自信が持てるようになります。この自信が自己肯定感の養分になるのは言うまでもありません。

親子で取り組むワーク

○△□の物語を描いてみましょう

ポイント

紹介した用紙を縦にしたり横にしたりして、ぱっと見えた絵を描いてみましょう。画力は問いません。
描かれた絵のタイプを例にあてはめてタイプを見つけてみてください。自身がどうやってものを見ているか見えてきます。また、脇の罫にこの絵のお話を書くと、自分の行動パターンが見えてきます。

実際に使っていたシート

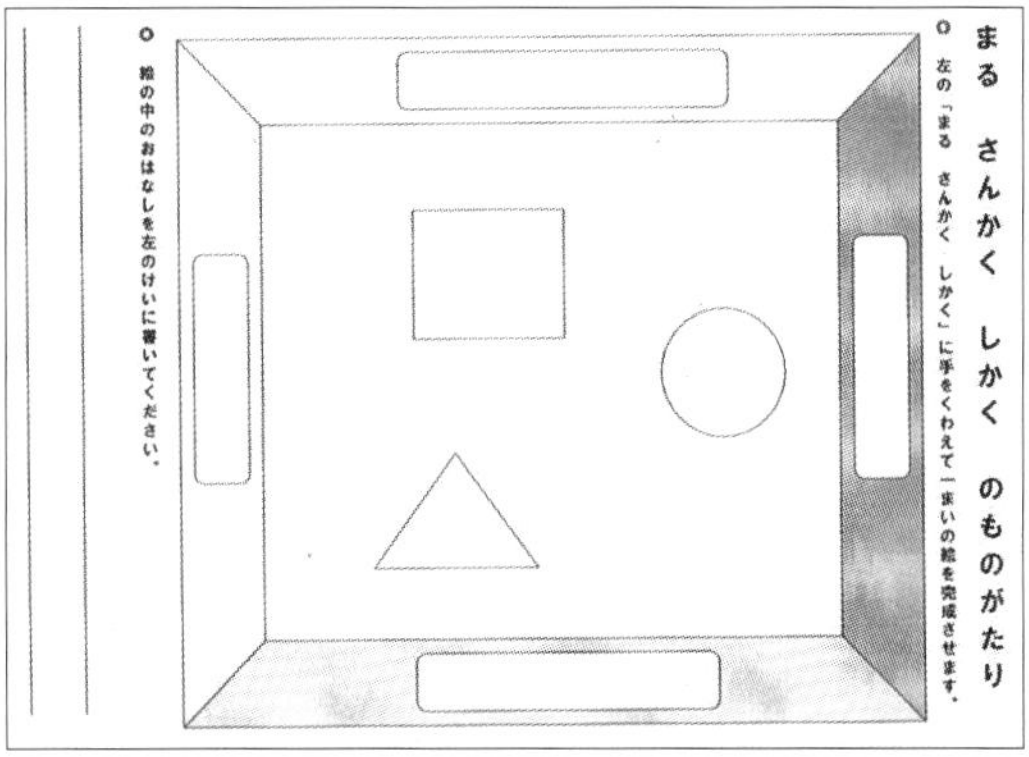
まる　さんかく　しかく　のものがたり
左の「まる　さんかく　しかく」に手をくわえて一まいの絵を完成させます。
絵の中のおはなしを左のけいに書いてください。

お母さんの報告

自分のモノの見方の特徴がわかるだけではなく、他の人の特徴も知ることができました。これだけ違うんだから、人それぞれで言動の違いが生まれるのだと納得しました。
わが子を理解するのに、ものすごく役に立ちました。

2 喜び、悲しみ、宿題を忘れたとき…なんでもダンスにしてみよう

ダンスにはたくさんのメリットがある

以前から、ずっと不思議に思っていたことがあります。

それはクラスの生徒たちが仲良くなってくると、みんなでダンスをしたがったり、歌を歌いたがったりすることです。

それを裏付ける実験があります。オックスフォード大学の心理学者とダンスチームの共同研究でダンスにおけるさまざまな効果を調べたらしいのです。

全身で踊るとき、手だけでの動きで踊るとき、どちらが多幸感をもたらす脳内麻薬「エンドルフィン」を分泌するか調べた結果、全身を使って踊るほうが多く分泌されたといい

ます。しかし、全身で踊る以上に、仲間と心を合わせて踊ると、手だけの動きでもエンドルフィンが多く分泌されるらしいのです。

ダンスは、ストレス発散はもとより、音楽に合わせて動きを変えるという瞬時の判断力も必要になります。また、やりとげることによる耐性や達成感も得られます。しかも、参加メンバーと心とリズムを合わせて一緒に動くと、より幸福感を感じるといいます。

動きを合わせているとき、一緒に踊っている仲間から深いところの自己を理解してもらえた感覚になるからでしょう。

みんなで踊って見えてくるもの

ある学校では毎年、開校記念日にオーディションで選ばれた子どもたちが体育館のステージでパフォーマンスをするというイベントがありました。

この日だけは、自由に表現できるということで、たくさんの個人、ペア、グループがオーディションを受けます。

ぼくのクラスは全員で参加することになり、みんなで話し合った結果、ダンスを踊ることにしました。

ところが、練習が始まってもみんなの意識は低く、とてもダンスどころではありません。どうやら恥ずかしいらしいのです。

そのうち「オレはこの曲に反対だった」とか、「誰がダンスって言ったんだよ」と言い出す始末。ダンスの苦手な子は泣き出すし、理由をつけて練習したがらない子も出てクラスがバラバラになりました。

そこで、ぼくはダンスのリーダーの子たちと話をすることにしました。

「みんな恥ずかしいみたい。どうしたらいいかな？」とぼくが言うと、言い出しっぺの子がしばらく考えた後、「もっとわたしたちが踊ります」と言いました。

この言葉を聞いて、ぼくはホッとしました。

そもそも恥ずかしがっていたのはリーダーの子たちであり、ぼく自身、正直なところこの練習を面倒くさく感じていたからです。でも、リーダーの子たちの言葉でぼくも発奮。「ごめんなさい。先生ももっと全力で踊るから」と約束しました。

それからというもの、リーダーの子たちが本気を出して踊るようになりました。もともとダンスはうまいので、全力で踊るとそれを見ているほうも踊りだしたくなります。

そのときにはっと気づきました。

みんなで動きや心を合わせてダンスをすると、恥ずかしい気持ちのさらに深いところにある「共に味わいたい」という気持ちが共有できるようです。非言語のコミュニケーションです。上手な子が下手な子に教えたり、上手な子が新しいステップや動きを工夫したりと、練習を重ねてダンスが向上するごとにクラスが仲良くなっていったのでした。

結局、オーディションには落選してしまったのですが、オーディション担当の先生から、こう言っていただけたのが印象的でした。

「クラスがひとまとまりになっていましたよ」

恥ずかしさを超えた先にあるもの

それ以来、授業中に歌ったり踊ったりするようになり、その一環として、演劇のワークショップで行っている「ジブリッシュ」というでたらめ言語のコミュニケーションワークをクラスでやりました。

でたらめな言葉なので、相手に説明しようとすると、身体表現や表情が必要になります。喜びや悲しみもでたらめな言葉で表現しつつ、体を動かさなくてはなりません。と同時に、相手のそれを読み取ることも必要となります。

でも、恥ずかしさの奥にある非言語の世界で理解し合えたとき、子どもたちは、とっても生き生きしていて自信に満ちていました。自己肯定感アップへの一助となりました。

お母さんたちは、お子さんが家で踊っていたり歌っていたりすると、「うるさいなあ。外でやってきたらいいのに」と思うかもしれません。

でも、歌を歌ったり踊ったりするのは、羞恥心《しゅうちしん》を超えた世界です。何より家の中が自由に表現できる「安全基地」である証拠です。

日々忙しく、子どものダンスを好意的に受け入れられない日もあるでしょうが、「心も体も安心しきっているのね」と思っていただけると、子どもたちはますます自信をつけると思います。

そして、子どもたちはお母さんも歌ったり踊ったりしてくれることを心から欲しているのです。

親子で取り組むワーク

心を合わせて
簡単なダンスをしてみましょう

ポイント

親子で考えた動き(すでに発表されているダンスでもOKです)を、お互いの心を合わせて体験してみてください。手だけの動きでもかまいません。
動きと心を合わせることに意識を集中します。やってみてどうだったかを伝え合いましょう。

実際に親子でダンスをした方の様子

ダンスをしている様子を動画に撮り、後で観賞するのも楽しみの1つ。

お母さんの報告

次女のお遊戯会のダンスを一緒にすることにしました。姉妹はすっかりけんかしていたことも忘れて、ダンスを覚えて一緒に歌って踊って……。
合わせていると親と子の関係性もなくなっていく感覚がして、すがすがしい気分でした。子どもの物覚えのよさには驚きました。そして、たくさん教えてもらいました。

3 自分の応援歌をつくってみよう

応援歌やCMには、届けての思いが込められている

子どもたちは4年生になると、社会科では郷土学習を行います。興味深いのは、子どもの自己肯定感が高くなると、それに伴い地元や地域に対しての愛着が深くなることです。それは、自分のルーツに感謝が生まれるからです。

子どもたちの地域への愛着をクラスに伝播《でんぱ》してほしいとの思いから、以前、県内や都内の区市町村の特性を調べるという学習の際、「1人1市区町村」という活動を行ったことがありました。

その際、自分が調べてみたいと思った都内・県内の市区町村を1つ選び、応援歌やテレ

ビCMをつくろうという提案をしたのです。

自分が選択した市区町村なので、歌詞やCMには特産物や名物、名所などが入れ込まれています。なかには市長さんの名前、出身芸能人などが入った歌詞もありました。

こうして出来上がった応援歌をみんなに発表。そして、その応援歌やCMを市長さんに送ることにしたのです。

すると、お礼の手紙をいただくケースがありました。その市区町村のグッズをいただいたこともありました。

子どもたちは、自分の郷土への思いを受け止めてもらえたことを心から喜んだのは言うまでもありません。

応援歌は自己肯定感を育む大切な養分

そこから「自分の応援歌」もつくってみようということになりました。

「自分はこんな人間です。こんな性格で、こんな良いところがあります。そして、自分がこれからどうなっていくのか」を作詞し、既存の曲に合わせて歌うというものです。

応援歌をつくるにあたって参考にしたのが「校歌」でした。

校歌は学校や地域への思い、校風や教育理念の理解、そして一体感や高揚感を生み出すためにつくられたものですが、実によくできていて、「教育に対する目的」「学校のある環境」「どんな生徒がいて、どんなふうに育てたいのか」が、あの短い歌詞の中にバランスよく書かれています。

ともかく、こうして出来上がった自分の応援歌を各自が披露したところ、ユーモアたっぷり、それでいて自分なりのアレンジを加えた歌詞に、クラスのみんなは大爆笑でした。自分のありのままの姿、そして未来の自分が浮き彫りになっていて、なかには自分の歌詞なのに涙する子もいました。

そこで、これを参考に、まずお母さんが自分の応援歌をつくり、お子さんの前で、それを披露してみてはいかがでしょう。

次に、お子さんにも応援歌をつくってもらい、お母さんをはじめ家族の前で歌ってもらうのです。

その際、歌詞の内容がどんなものであれ、「それでいい」と認め、「歌詞のこの部分がとてもよかったわよ」「ジーンときたわよ」といったようにほめてあげてください。

こう言われて不機嫌になったり、落ち込んだりする子どもはまずいません。むしろ、満面の笑みを浮かべるはずで、これこそが自己肯定感を育む大切な養分となることは、おわかりいただけると思います。

また、お母さんたちに親子2代で同じ学校に通っている人、あるいは祖父母から3世代にわたって同じ学校に通っている人がいたら、みなさんで校歌を口ずさんでみてください。

2世代、3世代にわたってこの地域と学校、そして自分たちが守り受け継いできた歴史、文化や価値観があるはずです。

そして、そのことに気づけば、郷土に対しての愛着が深くなり、そこに住んでいる自分自身もまた誇らしく感じるに違いありません。

親子で取り組むワーク

自分の応援歌を
つくってみましょう

ポイント

曲よりも歌詞からのほうが制作しやすいと思います。子どもが替え歌をつくって遊ぶような感覚で自分らしさを表すキーワードを並べてください。
お子さんの応援歌をつくったり、お子さんにつくってもらったりしてください。

たとえば…

お母さんがつくったお子さんの応援歌の歌詞

にこにこ笑顔　興味たくさん
おもしろいこと　とても好き
ひょうきん　おちゃめ
やさしさがいっぱい

お子さんがつくったお母さんの応援歌の歌詞

にこにこえがお
あんまり自分を責めないで～

お母さんの報告

完成した歌詞を読んで、「うちの子、よく見ているなぁ」と感心しました。
私の良いところも悪いところもちゃんと見て、大切にしてくれているんだとうれしくなりました。私の思いも伝わっていたらいいなあ。

4 新しいゲーム（遊び）を考えて感性を磨いてみよう

遊びとゲーム、ここが違う

子どもたちは何でも遊びに変え、なんでも遊び道具にします。この才能って、すごいと思いませんか。ある意味、尊敬に値します。まさにアーティストです。

ところでお母さんは「遊び」と「ゲーム」の違いを考えたことがあるでしょうか。

ある教育論文に遊びとゲームの違いを論じているものがありました。遊びというのはゲームに至るための「ずらし」、つまりゲームという完成形に入るための、あえて本来の用途などを崩していくプロセスのことをいうそうです。

小学校の先生をしていた頃、休み時間に教頭先生に呼びだされたことがありました。あわてて職員室に行くと、教頭先生は校庭の一角を指さしました。見ると、ぼくのクラスの子どもが遊んでいました。

カラーコーンが根元から割れてアイスクリームのコーンのようになっていて、子どもが2人、向かい合い、片方の子がそれを持っていました。もう片方の子どもがそこにボールを入れて、コーンを振ると、勢いよく、ボールが飛び出します。

最初は、2人並んで交互にボールを飛ばしていましたが、しばらくたつと片方が逃げだし、もう片方がその子を追いかけてボールをあてるというゲームに進化していました。「危険だから大至急やめさせるように」と教頭先生から言われたので、仕方なくやめてもらいましたが、ゲームという完成形に向かって自由に試行錯誤している〝ずらし姿〟が本当に独創的でした。

遊びというのは、瞬間的にインスパイアされて生まれます。観察、地頭を駆使した「今、ここの芸術」です。遊びが生まれる過程を見ていると、既存のパターンに少しずつバリエーションを加えていきます。

この〝ずらし姿〟を承認してあげると、子どもは「見えたものを見たまま表現したことへの承認」となり、自分のことが好きになるのです。

子どもは大人顔負けのクリエイター

あるとき、教室にあるものを使ってクラスのみんなが楽しめる新しいゲームを一緒に考えたことがあるのですが、とてもおもしろいアイデアがいくつも出てきました。

椅子を並べてその間にボールを通すゲーム、新聞紙の上にモノをのせてそれを運ぶリレー、雑巾《ぞうきん》がけで机の下に入るリレー……などなど。

その中に「間違い探し」がありました。

親を子どもたちから1人決めます。その子が廊下に出ている間に、誰か1人を隠します。呼び出された親が足りない1人を当てるというものです。

注目すべきは、その間に「遊び」が生まれることです。子どもが椅子を並べる間に、椅子の上に椅子を乗せたり、椅子の脚でボールを打ってホッケーのようにして遊んだり……。

そうやって、トライ&ずらし（遊び）をやっていくうちにゲームが完成します。まさにクリエイターといっていいでしょう。

大人は子どもがこういう遊びに熱中しているとき、ともすれば叱りがちです。生産性やゴールが見えないからです。

でも、そういうときこそ、そんな子どもの感性を大事にしてあげてください。むしろ、お子さんと一緒に新しい遊びを考え、一緒に楽しんでみてください。わが子に愛おしさが生まれるに違いありません。

また、子どもは子どもで「お母さんが遊んでくれた」「お母さんと楽しめた」という体験を糧《かて》に、次なる「遊び」を真剣に考えるはずです。それはとりもなおさず、自己肯定感が高まりつつある証拠なのです。

親子で取り組むワーク

新しいゲーム（遊び）を考えて 親子でやってみよう

ポイント

わざわざ提案しなくても、お子さんはすでに家の中でオリジナルの遊びをやっていると思います。
そこに無条件にのっかってみましょう。そしてゲームや遊びのおもしろかったところを伝え合いましょう。

新しい遊びの例

たくさんの風船をとにかく落とさないゲーム。

お母さんの報告

子どもたちが普段やっている独創的なゲームにとりあえずのっかってみたら、ついつい本気になってしまいました。うちの子どもがあっという間にルールを決めて、参加者に伝えている姿にびっくり。
「すぐに決められてすごいね、感心しちゃったよ」と伝えると「お母さんが知らないだけだから」と言われました。わが子を再評価しました。

第4章

自分の本当の感情や気分に気づいてもらう

「本当はね――」から始まる感情の整理と伝え方

自己肯定感の高い子の感情表現

クラスの子どもたちに「どんなタイプの子が苦手か？」と尋ねると、決まって「怒ってばかりの子」「気分屋さん」という答えが返ってきます。そうした子と比較して、自己肯定感の高い子どもは感情が安定しています。

もちろん、感情が安定しているというのは、感情表現をしないわけではありません。むしろ、感情をとっても上手かつ効果的に表現します。

D君は日頃から、自分のことを大切にしている子でした。みんなからも慕われ、リーダーもやっています。そんなD君たちが6年生になってバスケットボールの学校対抗の大会に出場することになりました。選抜ではなく、クラス全員が試合に参加します。

クラスで話し合った結果、D君がキャプテンになりました。

バスケットが上手なので、厳しいことをみんなに言うのかなと思ってると、チームがミスしても怒りませんでした。

ところが、練習試合のことでした。ふとしたことでD君自身がミスして負けてしまいました。D君は涙を流して悔しがり、さらには一人ひとりに謝りはじめました。

びっくりしたのは、まわりの子どもたちでした。

みんながD君を囲み「もっとわたしたち、練習するね」と口々に言いました。それ以来、チームはそれまで以上に一丸となって練習に取り組み、本番では全勝で優勝しました。

魅力的な子どもは、ここぞというときに感情を表現するんだ、と感心しました。

「感情的になる」という言葉がありますが、自己肯定感の高い子どもは感情的にはならず、適切な場面で誠実に感情を表現するようです。

では、感情の果たす役割とは、どのようなものなのでしょうか。

神経心理学者のアントニオ・ダマシオは「感情は意思決定を導く」と述べ、アドラー心理学で有名なアルフレッド・アドラーは「感情は目的達成のためのツール」と定義づけています。

算数の計算が苦手な子が、はじめこそ平然としていますが、あるときを境に不安に感じるようになります。やがて、できないことへの焦りとなり、自分や周囲への「怒り」となります。そこでようやく「やる」という意思決定が生まれ、「教えてもらう」「自分でやりきる」といった行動を選択するようになります。

また、小さい頃に受けた差別への「怒り」から、その差別解消への道を目指し、活動家になったなど、感情が人生の起点となった例もたくさんあります。

そう考えると、「怒り」という感情は必ずしもいけないものではなさそうです。

子どもは「本当はね…」と言いたがっている

大事なのは、子どもが小学生のうちに、自分の気持ちや感情を正直に、感情的にならずに正しく伝えられるようになることだとぼくは思っています。

子どもと接していて、感情的な「怒りや」「悲しみ」の表現には、その奥に「わかってくれない」「わかってほしい」という本当の感情が隠れていることに気づきました。

特に、小さい頃に親に抱いた「自分のことをわかってほしい」という欲求が根本にあるようです。

実際、クラスの子どもたちが仲良くなっていくと、子どもたちは怒っている子に対して「本当はどうしたいの？」と聞くようになります。本当の感情があることに気づくようです。すると、すねるだけの子どもも「本当はね……」と話しだします。

そう、この「本当は」という言葉を大切にしてほしいのです。

「本当は」という言葉の後に続けて話すと、その子はすがすがしい顔になります。同時に、まわりの子が理解を示してくれます。感情的なときはまったく響かないのに、真剣な顔になって話を聞き始めます。

コミュニケーションの語源は、ラテン語の「communis」と言われています。共有する、分かち合うという意味です。人は他者と分かち合えたときに自己肯定感が上がるのです。

ここからは、自分の本当にしたい言動を選択することが、自己肯定感の向上につながることについて説明します。

1 「怖い」「楽しい」など、形容詞で今の気分を感じてみよう

自己肯定感の低い子どもは本当の感情を置き換える

近年、子どもたちの国語力や読解力、そして語彙力《ごいりょく》の低下が問題視されるようになりました。

お子さんたちは、子どもが「ヤバい」「ウザい」と言っているのを聞いたことがありますか？　「ヤバい」だけでは何がどうヤバいのか、それは肯定・否定どちらの意味で使っているのかわかりません。「ウザい」というのは「嫌い」という意味なのか、「今、話しかけるな！」とか「何度も聞いた」という意味なのか……。

このように、自分の本当の感情を表す語彙力や、気持ちを伝える方法を知らなかった

り、そもそも気持ちを伝える勇気がないと、コミュニケーションはちぐはぐになります。しまいには、「誰も自分を理解してくれない」と感じるようになるでしょう。

一方、自分の本当の感情を伝えられるようになれば、相手との相互理解も深まり、子どもは「受け入れられた」「理解してもらえている」という実感を得ることができます。

２０２１年度、小中高校でのいじめの認知件数が約61万件になりました。過去最高になりましたが、いじめの大きな要因として、ぼくは自分の感情や気持ちをきちんと伝えられないコミュニケーション不全があると感じています。

ぼくのクラスにもいじめがありました。仲が良かったはずなのに、気づくと相手に嫌がらせを続けていたのです。たまたま見かけたので、事情を聞くことができました。

いじめていた側は当初、相手への不満や落ち度を口にしていましたが、時間がたつにつれ、「遊んでくれなくなった」「ずっと遊びたかった」と言いました。そして、「寂しかった」という本当の気持ちを口にしたとたん、泣き出しました。その子は勇気を出して親に事実を伝え、親と2人で謝りに行ったといいます。

本当の気持ちが表面に出てくると、困難な局面が変わることは、子どもたちとの間ではたくさんあります。つまり、本当の気持ちを伝えることで、自分自身も相手も救っているのです。

心のカメラで自分の心を撮影してみよう

教育現場では10年ほど前、自分と相手の気持ちを大切にする「アサーティブ・コミュニケーション」という手法が流行《はや》りました。

たとえば、子どもが先生に用事を頼まれたとしたら、どれだけ誠実に自分の気持ちを伝えられるか、実際に先生に向けて伝えるのです。

「嫌だ」と言ったら気まずいし、手伝いたくないのに手伝うのは自分を大切にしていない……。そういうときは、「はい、手伝いたいのですが、でも今はどうしてもサッカーがやりたいんです」というように自他を大切にした言い方を見つけます。

その初歩段階には、「私」を主語にして自分の気持ちを話すなど、道徳や特別活動の時間に行ったものです。

クラスで人間関係が深まってくると、「うれしい」「悲しい」という気持ちを表す言葉が自然と出てきます。この言葉が飛び交うと、「みんな、学校で自然にふるまえるようになったんだ」と安心します。

その頃から、朝の会で出席をとるとき「今の気分を伝える」という活動をします。「○○さん」「はい、元気です」という朝のやりとりを「○○さん、気分はどうですか?」「はい、うれしいです」といったように。ちなみに気分を教室では、「～い」とか「～しい」と表せる形容詞を〝気持ちの言葉〟と呼びました。

ぼくはさまざまな気分を網羅した一覧表を作成。最初の頃は一覧表に網羅した「さまざまな気分」の中から、自分に当てはまりそうなものを選んでもらいました。

その際、「自分の心にカメラを向けて、この瞬間にシャッターを切ってね」と伝えます。

同じことはお母さんたちにもいえます。心のカメラでまずは自分の心を撮影してみませんか。そして、そのときの気分をお子さんに伝え、今度はお子さんに心のカメラで自分の心を撮影するようにすすめてみるのです。最後には「どんな気分?」と尋ねてみましょう（ただし気分は風のようなもので、すぐに風向きが変わることも忘れずに）。

繰り返しになりますが、まず第一に自分の今の本当の気持ちを伝えることが、自己肯定感を高めることにつながっていくのです。

親子で取り組むワーク

親子で今の気分を
伝え合ってみましょう

ポイント

以下の一覧表をもとに、今の気分を伝え合ってみましょう。表以外の気分でもかまいません。
嫌いなものはそれに対する否定でないこと。嫌いなものがあるから好きなものが明確になってくることを忘れがちになるのでご注意ください。

ばなな先生が使っていた「気分」の一覧表

お母さんの報告

気分を伝え合うとお互いに「どうしてそう感じたの?」と聞きたくなるから不思議でした。わけを話すと不安な気持ちが安心に変わった。自分の気持ちってこんなことで簡単に変わるんだと興味深く思えました。
子どもに対しても、「え?　そんなことで不安になるの?」という気づきがあってよかった。

2 嫌なこと、嫌いなものをはっきり言おう

嫌なことを伝えるのは相手への思いやり

学校という場所は、好きなものは伝え合いますが、嫌いなことやネガティブな感情は口に出さないように指導しています。

しかし、嫌いなものを「嫌い」とはっきりと伝えることは、自分の「好き」に気づくことでもあり、ある意味、とても大事なことです。「嫌い」は自分の「好き」を知るバロメーターであり、自己決定もしやすくなります。

ぼくがクラスを受け持っていたときは、「嫌いな色」「嫌いな食べ物」「嫌いな動物」「嫌いな教科」など、そのときの判断でいいので、事あるごとに、これらをはっきりさせてき

ました。そうすることで、「では自分は何が〝好き〟なのか」を見つけてほしかったからです。

ある日、子ども同士の小競り合いがありました。そのとき、ちょうど憲法の学習をしたことで、自分がされて嫌なことを法律にまとめ、クラスの仲間に伝えようということになりました。みんなが理解できる量を考え、3箇条にすることになりました。

① 自分の好きなことを押しつけられる。
② バカ、って言われる。
③ 命令される。

このような感じでつくっていくのですが、子どもたちのつくったものを見ているうちに、どんなことが嫌なのか、してほしくないのか、人によって規準が違うことがわかりました。

お互いに見せ合っているうちに、「こんなに違うなら、言わなくてはいけないんだね」という感想があがりました。

嫌いなことを伝えるのは相手への思いやりなのです。

好きだったり、嫌いなところを伝え合うと、表情も変わる

４年生のクラスにZさんというイギリス人のお母さん、日本人のお父さんを両親に持つハーフの女の子がいました。

彼女は自分に自信がないようで、友だちともあまり関わらず、いつも本ばかり読んでいました。でも、独特な色使いで絵を描く素敵なセンスがありました。

ある日、幼なじみの男の子がZさんに「おまえ、ハーフなんだよな」と言ってきたことで、今まで抑圧されていたものがこみあげてきたのでしょう。彼女は大泣きし、「教室に戻りたくない」と感情をむき出しにしました。

教室に戻ってぼくが事情を説明すると、女の子が集まり何やら話をしていました。そして、クラスの女の子全員が「思いを伝え合う時間が欲しい」と言ってきたので、ぼくが了解すると、Zさんのいる部屋に女の子たちが移動していきました。

残された男子とぼくは雑談をするしかありませんでしたが、約30分して、女の子たちが

戻ってきました。見ると、Zさんもすっきりした表情をしているではありませんか。

そこからZさんは別人のように明るくなり、「かかりの時間」では「絵本がかかり」になりました。あの独特な色使いを絵本にして、みんなに配るようになったのです。

やがて、絵本は大人気となり、みんながZさんの才能を承認するようになりました。

しばらくたってから、「あのとき、何をしていたの？」と彼女に聞くと、「女の子全員が自分の嫌いなところ、そしてわたし（Zさん）の好きなところを話してくれた」とのこと。

続けて、彼女は次のようにも語ってくれました。

「わたしが〝いいな〟と思うその子のところが、その子自身は嫌いだったり、わたしが嫌いだと思っているところがみんなは好きだったり、嫌いなところを伝え合えたことでわたしはみんなのことが好きになったの」

お母さんもぜひ、嫌いなものをお子さんに伝えてください。同時に好きなものも伝えてください。また、嫌いは否定と同義ではないことも伝えてください。

嫌いは、自分の好きを知る羅針盤です。それは、自己の輪郭を描くことになり、自己肯定感を高める1つの要素となっていきます。

親子で取り組むワーク

嫌いなものと好きなものを
親子で伝え合いましょう

ポイント

音楽や食べ物、動物などのカテゴリーを決めて親子で好きなもの、嫌いなものを伝え合ってみましょう。その理由も伝え合ってください。
「嫌い」=「否定」ではなく、嫌いなものがあるから好きなものが際立つことを忘れずに話し合ってみてください。

たとえば…

好き

娘の好きな音楽：ダンスビートの曲、テンポの速い曲

母親の好きな音楽：ピアノが入っているゆっくりした曲、音の高いのびやかな感じの曲

嫌い

娘の嫌いな音楽：ギターの音が響く音、叫ぶ感じの曲

母親の嫌いな音楽：テンポが速い曲、叫ぶ感じの曲

お母さんの報告

どんな音楽を聴いているのかはなんとなく知っていたけれど、その理由を言葉にして教えてもらうことで、娘の好みがよく理解できました。
親と似ているところもあれば、違うところもあり、親子とはいえやっぱり別々の人間なんだと感じ、娘を見る目が変わりました。

3 自分が「よい」と決めたことに取り組んでみよう

「指示待ち人間」は自己肯定感が低い

お母さんは「指示待ち人間」という言葉を聞いたことがありますか。

指示待ち人間とは、その名の通り、自分で考えて行動できない人や、指示がないと動けない人のことをいいます。

人間は、誰しも指示待ちになる瞬間はあります。でも、会社や組織でこなす仕事の多くを指示がないとできないようになると、本人はもとより周囲のダメージも大きくなります。

指示待ち人間には次のような特徴があります。

●自信がなく、決断することが苦手。
●自分の意見が言えない。質問できない。
●責任感がなく、まわりに無関心。

そして、この指示待ちは自己肯定感の低さとリンクしています。この3つの特徴の1つ目と2つ目を見ればわかるでしょう。

それは12歳以下の子どもも例外ではありません。子どもたちの中にも「あの子とあの子は指示待ちっ子です」と、前の担任の先生から申し送られてくることがあります。

しかし、そんな子であっても、大人がちょっと工夫をこらせば、指示待ちから脱却できるのです。

ぼくのケースを紹介すると、以下の3点を長期的に行うようにしました。

●自分で決める機会を増やす。
●決めたことに対してその理由を聞き、全承認しつづける。
●それらをやりきる。完了させる。

その子にとって、その瞬間のベストな選択を承認しよう

乳幼児教育の専門家に聞くと「1歳でも自己決定しています」と言います。

ぼくも保育園でアルバイトをしたことがありますが、「どの色のどのおもちゃで遊びたい？」というときなどは自分で決めて選んでいます（ただし、あっという間に飽きますが）。

自分で決めるというのは、言い換えると「その子にとって、その瞬間のベストな選択」をしたということです。**その選択を承認するというのは、選択をした子どもそのものを承認することと同じ**なのです。

指示待ちの子がよく「これでいいの？」と聞きます。それは、選んだものは親や先生にとって正解なのかどうかを尋ねているのです。

そんな子たちには共通点があります。それは、大なり小なり、**決定場面で大人に叱られてきていること**です。それも頭ごなしに！

ある方は小学生の頃、「こんなの作文じゃない」と、みんなの前で原稿用紙を破られたことがあるといいます。これでは作文を書くのが怖くなりますよね。事実、いまだに文章

を書くとき、決まってそのシーンを思い出すといいます。

どうやら自己肯定感のアップの1つは、決断と完了のサイクルを完結させることのようです。

自分の決断が承認されると、決断したその子の「根拠」が認められ、自信を持って行動できるようになります。したがって、子どもが決断をしたときは、その根拠を聞き、否定することなく受け止めることが大切なのです。

自分が決めたことを承認してもらえた子どもは、指示待ちをしない

時折、ぼくは教室で「自分が『よい』と決めたことをしましょう」と提案したことがあります。

すると、子どもたちはノッてきて「トイレを掃除します」「下駄箱のくつをそろえます」「廊下を走らないで」といったポスターを描きます。

ここからが肝心で、これらの提案をなぜ「よい」と思ったのかという理由もプレゼンしてもらいます。同時にどうなったら「よい」のか、その子の考える「ゴール」も尋ねます。

すると、「トイレを授業中に掃除をしておけば、休み時間に生徒が気持ちよく使えると思います」というレスをしてくるので、ぼくがそれを認めると、子どもは小躍りします。自分の存在理由を認めてもらえたと思うのでしょう。そう提案した子どもは掃除を一生懸命にやるようになります。

ですから、お母さん、子どもに「自分が『よい』と決めたことをやってみない？」と提案してみてください。

そして、提案の理由も聞いて、どうなったら「よい」のかというゴールも一緒になって考えてあげてください。

自分が決めたことを信頼している人の承認のもと、やりきるって、ものすごく大事なことだし、これだけでも子どもは指示待ちから脱却でき、自己肯定感も少しずつ高まっていくはずです。

親子で取り組むワーク

家の中で「よい」と思ったことを やってみよう

ポイント

お子さんが決めた「よい」と思うことに取り組んでもらうことが大切で、「○○はどう?」と提案することがないように気をつけてください。
「よいと思ったことをやりきった感想は?」と、実践後に聞いてみましょう。

「よい」と思ったことなら何でもOK

お母さんの報告

「よい」と子どもの提案したのは「リコーダー」を奏でるということ。その理由は「みんなが楽しくなるから」。はりきってやっているうちにみんなでセッションになりました。いろんな曲をセッションしていく中で、だんだんと自分の演奏と音に集中していく様子がわかりました。「みんなが合わせてくれたのが楽しかった」と言っていました。

4 自分と相手の考えの同じところ、違うところとは？

なぜ、犬猿の仲の2人が仲良くなれたのか？

倫理学に「二項対立」という用語があります。白と黒、明と暗、男と女、大人と子どもといったように、1つの概念をあえて2つに分けて対立させ、矛盾を明らかにしていきます。

なぜ対立させるのかというと、物事の特徴がつかみやすいからです。

たとえば、本来「学校」はさまざまな要素で成り立っていますが、「生徒と先生」の2つに分けると、学校という場所がわかりやすくなると思います。

また、物語や映画などでは、正義の味方と悪者といった対極の存在のおかげで、楽しくストーリーを追うことができます。

理科の実験（水と空気を比べる）、社会科の事象（工業生産と環境破壊）なども二項対立になっていることが多く、全体をとらえやすくなり、ものごとの理解を深めます。

もっとも「対立」という言葉を聞いたとき、ネガティブな場面を想像する人のほうが多いことでしょう。

たとえば、けんかです。しかし、そんな場面も、自分はもちろん相手の自己肯定感を高めるチャンスになりえます。

クラスにドッジボールのたびにけんかをする2人の男の子がいました。N君とO君です。この2人は、前の担任の先生からも「いつもけんかばかりしている」と報告されていました。にもかかわらず、休み時間のたびにドッジボールをするのです。

N君がO君にボールを投げ、O君が手を出しながらも、すっとボールをかわしました。その O君の指先が「当たった、当たってない」がけんかの発端となります。

「当たった」とN君。「セーフだ」とO君。

「おまえが最後に当たったんだから、ボールをかたづけろ」とN君。

今回だけは納得がいかないようで、ぼくに「2人で、廊下で話し合わせてください」と言ってきました。

それからしばらくして、2人は仲良くなって帰ってきました。その理由を尋ねると「お互いが自分の気持ちを徹底的に話し、言い分を聞いた」と答えました。

以来、2人は「ぼくはこう思っているから聞いてくれ」「おまえの番だから言ってくれ」と交互に自分の意見を伝え合うようになったのです。

合意点を見つけられれば、対立は解消できる

心理学者のポール・スウェッツ博士によると、対立の解消には次の4つのステップがあるといいます。

ステップ1：問題点の明確化。
ステップ2：合意点を見つける。
ステップ3：相手の意見を聞く。
ステップ4：冷静に意見を述べる。

２人から話を聞くと「だって、一緒にドッジボールやりたいもの」という合意点が出ました。対立はややもすると、修復不可能になってしまうこともありますが、このように「合意点を見つけること」に双方がコミットすると、よりよい状態になります。**双方の合意点を見つけられる子は、相手と自分の両方を尊重したことになります。**また、グループや今ある状態の「問題点」を見つけることに長《た》けてきて、行動力や判断力が身についていきます。

お母さんもこの例を参考に、親子で衝突したときは、「お母さんが○○したらいいのに」とか「前から思っていたんだけど○○したらいいよね」などと問題点を明確にして、合意点を見つけるようにしたらいいかがでしょう。

お互いがお互いの考えに気づけば、きっと雨降って地固まるはずです。

ちなみに、N君とO君のエピソードには後日談があり、数日後、２人がやってきて「先生がドッジの審判をすればいいことに気づきました」と審判をするように依頼されましたが、丁重にお断りさせていただきました。

親子で取り組むワーク

対立したときの合意点を探してみましょう

ポイント

そもそもが対立している考えなので、お子さんを否定しないように気をつけてください。
実際にやってみると、合意点を見いだすことが難しいのですが、お互いが「何を問題に感じているか」を伝え合うだけでも楽になっていきます（ステップ1の問題点の明確化）。また、合意点を見つけることと、解決のために行動したりすることは別です。実際に行動しなくても責めないでくださいね。

学校に行ってほしい親、行きたくない子の「合意点」を探るステップ

ステップ1　問題の明確化

お母さん：学校に行かないのはしょうがないが、だらだらされたくない。何もしないで家にいられると、まわりから責められそうで嫌だ。

子ども：学校へ行けと言われるとむちゃくちゃあせる。もっと自分のペースでやりたい。責められているように感じる。

ステップ2　問題の合意点

お互いに誰かに責められているような気がする。もっと自分のペースでやりたい。

（以降、ステップ3、4と続く）

お母さんの報告

問題点を明確化しているうちに、言語化の苦手な私でも自分の考えが出てきました。学校に行く、行かない以上に「まわりから何か言われるのでは」とか「将来困るんじゃないか」という気持ちが出てきました。でも、子どもも同じように感じていることがわかると、代替案や折衷案が出てきました。また、子どもなりにいろいろ考えていることもよくわかりました。

第5章

自分以外の人と共有している同じ思いを知る

世の中はもう1人の自分だらけだから

全体の知恵が成立する条件

以前、テレビで「クイズ$ミリオネア」というクイズ番組が放送されていました。アメリカで人気だった同番組を日本に輸入したものです。司会のみのもんたさんが「ファイナルアンサー?」と尋ねる場面を子どもたちがマネるほど、お茶の間に浸透していました。

番組では回答者が4択クイズの回答に困るとヒントをもらうことができました。ヒントを得る方法は、「会場にいる観客にアンケートする」「その問題に詳しい友人や知人に電話で尋ねる」などです。

ある研究所がアメリカ版のヒントの正解率を調べたところ、友人や知人に聞くよりも、

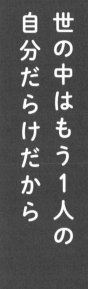

会場アンケートの方が高い正解率になりました。本来、４択問題を１人で回答すると、正解率は25パーセントになります。ところが、参加人数が多くなると、正解率が高くなるらしいのです。

このような全員の知恵の集結を「集合知」といいます。

集合知が成立する条件は、全員に自由な回答権があるという「多様性」が大事になってきます。ですから、人数が多くても、権威ある者や声の大きい者が「２番！」などと声高に叫ぶと、それに引っ張られ正解率は下がるようなのです。

「もう１人の自分」を活用する

自己肯定感の高い人は、自分だけにとどまらず、自分のまわりにいる人やもの、出来事へ対しても肯定的な態度をとります。

言うなれば、自分をとりまく環境全体が好きであり、自分はその環境の一部であると同時に、環境もまた自分をつくっている一部であるととらえるのです。すると、身近な他者の存在や意見を「もう一人の自分の意見」と肯定的に受け入れます。

学年末になると子どもたちの中から「クラスみんなが好きになった」「どの子もクラスのメンバーなんだ」という声が聞かれることがあります。それはみんなと自分との間の差がなくなるからです。

自他の差を埋める一歩として、クイズ$ミリオネアの「観客席に聞く」方式をクラスで採用したことがありました。感じたことやそれぞれの意見などを全員分記載し、まとめたものを提示するのです。

すると、子どもたちから「そういう考えもあるんだ」「わたしが思っていたのと同じだった」という意見が飛び交うようになりました。

これらを繰り返していくと、**わからないことがあっても「みんなの発言の中にヒントがある」という感覚になります。**

そこで、まず同じ意見同士でグループになって考えを深めます。同じ意見の交流で「安心感」を得るためです。その後、違う意見同士のグループを組んでも、相手の意見を意見として聞くことができるようになります。**同じ意見の子どもたちが「安全基地」になっているから**です。

すると、学年の終わりには子どもたちはこんなやり取りができるようになります。

「○○ちゃんはどう思っているの？」

「○○ちゃんはそう思うんだね。この部分は同じで、ここは違うんだね」

そう、他人の意見を鵜呑《うの》みにせず、必要に応じて自分の意見として採用したり、お互いの意見に共通点を見つけたりするようになるのです。

自分の考えを、もう1人の自分の考えをヒントに深める。

これは、他者とのより深いコミュニケーションを生み出し、自己肯定感を高めることにつながっていくのです。

お母さんたちも毎日、子育てやさまざまな役割に追われ、自分のホンネに気づきにくくなっていることと思います。すると、他者の発言が時には「批判や否定、命令」に聞こえてくることもあります。

そこで、この章では、他人の意見をもう1人の自分の意見としてとらえるために、親子でできる方法をお伝えしたいと思います。

1 自分と友だちの共通点を3つ探してみよう

赤いもの全部にある共通点、すぐに答えられますか？

人はお互いの共通点に気づくと親近感を抱きます。

子どもがすぐに仲良くなるのは、「自分と同じだ」「一緒にいたい」という安心感があるからです。この安心感は、失敗を過度に恐れないチャレンジ精神の土台となります。

ぼくは親子を招いたイベントで、「世界平和科」という授業をしたことがあります。

まず、親役を1人決めます。親役は好きな「色」を1つ選び、参加者に伝えます。参加者は色のついたものをまわりから1つ集めてきます。「赤」だったら赤白帽子、赤えんぴつ、赤い引き出し……。5人いたら5個の赤いものがそろいます。

そしてみんなが集めた赤いものをすべてながめて、ものにある色以外の「共通点」を探し出すという内容です。

すると驚くなかれ、子どもはあっという間に2つか3つ共通点を答えます。

●使っているとうれしい気持ちになるもの。
●上手に使うと、素敵なものが仕上がるもの。
●お母さんに頼んで買ってもらいたいと思うもの。

……などなど、こんな感じでぽんぽんと飛び出します。

ところが大人はなかなか見つけられません（ちなみに、ぼくは「ドン・キホーテで売っているもの」以外の共通点を答えられませんでした）。

「平和科」と名付けたのは、子どもと「平和」について話し合ったとき、**多くの子どもたちが「平和とは、違うことの中に同じものを見つける状態」**ということを言ったことに、私が感動したのがきっかけでした。

子どもたちにどうやって共通点を見つけているのか尋ねると、最初の3つくらいものをみた瞬間、全体の共通点が見えてくるそうなのです。

一方、大人は一つひとつのものを見て共通点を見つけようとするので遅くなるのです。中には、まず取り上げられた2つの共通点を見つけて、そこから一つひとつつながりを検証する……という方もいました。

共通点は「安心感」とも言えます。

これは、子どもたちが大人に比べて仲良くなる能力が高いことが関係しています。

ぼくのイベントに来た、まったく知らない子ども同士が、どうやって仲良くなっていくのかを観察していると、相手と自分の共通点が見つかった瞬間、警戒心がなくなり、すぐに近づいて自分のことを話し出します。

そのスピードの速さは神業です。

「あっ、そのゲーム、俺も持ってる」「わたし、そのユーチューバー知ってる」といったようにです。すると、あっという間に仲良くなり、イベントが終わる頃になると、こんな会話をかわすようになります。

「明日も遊べる？」

「学校終わったら○○公園ね」

子どもの「安全基地」を尊重しよう

以前、ある社会心理学者が、大学生がどのような規準で友だちを選んでいるかを調べたことがありました。

入学当初は「部屋が近い」「住んでいる町が同じ」といった物理的距離で友人を選んでいたそうですが、時間の経過にしたがって、価値観が似ている人を友人に選ぶそうです。これらを「類似性の法則」といいます。

特に自分と同じ価値観であったり、似たような考え方を持つ相手に安心感を持ちます。新学期や進学した直後は「自分と似ている人がいる」という感情は、安心感という名の安全基地をつくり出します。**この安全基地があるからこそ、新しいチャレンジへと挑むことができます。**

これに対し、自己肯定感の低い子は「チャレンジをしたがらない」傾向があります。それは、**気持ちが弱いというより、チャレンジ後に戻る安全基地がないことが関係していま**

す。子どもが類似性を感じれば感じるほど、安全基地があると自覚しているのです。

お母さんにも苦手な人・好きになれない人が1人や2人いらっしゃると思います。その方を思い浮かべてください。自分と異なった気質が真っ先に頭に浮かんでくるのではないでしょうか。

反対に共通点に気づくと、その方に対して寛容な気持ちになれるのではないでしょうか。まずお母さんから、家庭でぜひ「世界平和科」をやってみてください。どんな観点で共通点が見つかるかがわかり、興味深いですよ。次に親子でやってみましょう。お父さんを交えて3人でやってみるのもいいですね。

改めて、子どもたちの調和する力に感心するはずです。子どもたちこそ、世界平和を実現できるのです。

親子で取り組むワーク

親子の共通点を
3つ見つけよう

ポイント

お母さんからお子さんと似ているところを3つ、続けてお子さんからお母さんと似ているところを3つ見つけてもらいましょう。「そう思っているんだね」という承認をお忘れなく。

たとえば…

娘が見つけた母親との共通点

- 髪の毛の細さ
- 家庭科苦手
- しょっぱいものが好き
- やさしい

母親が見つけた娘との共通点

- おもしろいとテンションマックス
- 遊ぶのが好き
- いろんな人の気持ちがわかる

お母さんの報告

似てるところがけっこうあるなあ、とうれしくなり、わが子へのいとおしさが増しました。私の両親ともやってみたのですが、意外と共通点が多くて驚いた。
癖など、もともと気づいている部分も多かったが、新しい発見もあった。

2 異性の子とたくさん遊んでみよう

協力関係の本質はドッジボールでわかる

夫婦仲が良いことと、経営する会社がうまくいくことは一致するのでしょうか？

そんな疑問を解消するため、ある保険会社がこんな調査をしたことがありました。

夫婦に関するアンケートで両者を点数化し、「平均点以上を仲の良い夫婦、以下を悪い夫婦」とします。

すると、仲の良い夫婦は5割を超えて「経営がうまくいっている」と答えたそうなのです。一方、夫婦仲が平均点未満の経営者は3割程度しか「うまくいってる」と感じていなかったといいます。

また別の調査では、「夫婦円満が仕事に影響すると思いますか？」との質問をしたところ、夫婦の関係性が仕事に「影響する」と答えた人はなんと9割5分にものぼったといいます。

そして、円満な夫婦は①思いやり、②コミュニケーション、③自立した関係性、④感謝の4つを相手に示していることも明らかになりました。

夫婦といえば協力関係――パートナーシップが大切ですが、当然ながら子どもたちにも存在します。

異性との時間を共有すると、対立しがちな関係性にも共通点があることを知り、自他の理解が深まります。

子どもたちの男女間の協力関係を見ていると、最もよい距離感で接しているのは3、4年生です。1、2年生だとまだ男の子、女の子っていう境界がぼんやりしています。5、6年生になると二次性徴が始まるので異性を意識したり、自分の性別に目を向け不安や興味を持ちはじめます。

その間の3、4年生の子どもは、相手を異性だと認識しつつも、意識しすぎることなく自然にふるまっています。

ドッジボールがいい例です。ドッジボールをすると、1、2年生だと自分が内野に入りたければ、女の子だろうが当てます。5、6年生では、好きな女の子にボールを当てません。よいところを見せようとします。

注目すべきは3、4年生の子どもたちです。ドッジボールの上手な女の子には、その力量に応じたボールを、苦手な子には「当てるよ」と言ってやさしく投げる。バランスのよい時期です。

では、パートナーシップがよいと、なぜ自己肯定感が上がるのでしょうか。

それは、**異性との協力を通して、前述した①思いやり、②コミュニケーション、③自立した関係性、④感謝が生まれてくるからです。**

また、異性とのさまざまな体験は、自分の心の中にもある男性らしさ、女性らしさに気づかせてくれます。

ぼくたちには誰もが、自分の中に男性的な心の状態（行動、選択、決断など）と女性的な心の状態（協調、受容、感覚など）があります。

男らしさと女らしさの両方を持っていると自覚すると、性による差別や偏見、無知な状態が減少します。小学校3、4年生くらいに男女で遊ぶ、協力して活動するということは、自分の中にある男らしさと女らしさに気づく、自己理解の機会なのです。

男らしさ、女らしさは、異性と遊ぶと見えてくる

ぼくがクラスの担任を受け持っていたときは、可能な限り、隣の席が異性になるようにしました。

席替えやクラス替え直後に、相手を通して自分のことをより深く知ってもらいたくて、隣の席の子と即興演劇やコントをしてもらいます。時間は5分くらい。20分くらいで打ち合わせ、練習をしてもらい、教室の前に出て演じてもらいます。

すると、その子がどのように異性と関わるか、どのようなものを異性とつくりあげるのかが見えてきます。そして、その子の両性のバランスがわかります。

●演技が始まると、楽しくなってどんどん前に出てくる子。
●反対に後ろに下がって、もう1人の子に指示を出そうとする子。
●やたら相手にかぶせて表現する子。

●アドリブをかまして、相手の子が困るのを楽しんでいる子。

どれが良いとか悪いとかではなく、その子らしさがあふれています。同時に、その子を生かすためには、今後の学級運営でどのような気質の子とパートナーシップを組めばいいのかも見えてきます。

たとえば学校行事などで、アドリブをかましてまわりをざわつかせる子に、どんなことにも平然としている子とペアを組ませます。すると、そのチームは冷静さと積極性がほどよく交わった感覚になっていきます。

お母さんは、小学校3、4年生くらいの頃、男の子とどうやって過ごしていましたか。その感性や感覚は夫婦生活に活用できる資質です。

そして、もちろんのこと、異性と遊んでいるお子さんを承認してあげてください。

親子で取り組むワーク

お子さんが異性と遊んでいるときの様子を観察しよう

ポイント

そのままを見守ってあげてください。
もし、お子さんの言動にイライラした感情が出てきたら、「自分はわが子にどう接してほしいのかな?」と考えてみてください。反対に、お子さんの言動を素敵だなって思えたらすぐにそう伝えてあげてください。

異性同士で遊んでいる子どもの様子

アニメに出てくるキャラのどれが好きかお互いに言い合っている。

違うゲーム機で遊んでいるのになぜか一緒にくっついている。

お母さんの報告

娘が男の子から「どのキャラクターが好き?」と聞かれていた。娘は、自分が好きなキャラとその理由をはっきりと伝えていた。男の人に質問されてドギマギするのは娘じゃなくって私のほうだったかも。
「男の子と話せてすごいね」と伝えたら、「あの子たち、やさしいよ」としれっと答えていた。

3

近所にいる素敵な大人を探そう

人は場の力の影響を受けている

幕末、長州の吉田松陰が主宰する松下村塾《しょうかそんじゅく》から、倒幕から維新にかけて活躍する高杉晋作・伊藤博文・山縣有朋といった英傑が輩出されたこと。東京豊島区のトキワ荘というアパートから手塚治虫、赤塚不二夫、藤子不二雄などの漫画家が誕生したこと。

こうした事例は、「人の行動はその人を取り巻く環境、つまり〝場〟の力の影響を受ける」というクルト・レヴィンの法則（場の理論）と関連していると見ることができます。

お母さん方にお子さんの幼稚園や学校の選択に悩む方がいらっしゃいます。それは、環境がもたらす影響を考慮してのことだと思います。しかし、それ以上に影響を与える場は、住んでいる地域です。

その地域にもエネルギーが流れています。

自己啓発では、人生を変えるための三大行為として時間配分を変えるとともに、付き合う人を変えたり住む場所を変えたりすることを推奨しています。それだけ土地、人のエネルギーは強いということです。

教育現場では、「先生や親以外の大人が子どもたちの話題に上がる学校は落ち着いている」といわれます。でも、話題に上がるのはせいぜい習い事の先生ぐらいです。

お母さんたちの中で、近所に住む大人との体験が今でも印象に残っているとしたら、その大人から受けた影響は大きいといってもいいのではないでしょうか。

あこがれの大人と交流をはかると子どもは前向きになる

映画『みんなの学校』でも紹介されているインクルーシブ教育（障害の有無にかかわらず、すべての子どもを受け入れる教育）の実践や地域を巻き込んだ学校づくりのモデル校として有名な大阪府の大空小学校。

この学校には「大人に会いに行く科」という授業があります。地域に住む腕のよい職人さん、地域をよくするために活動している大人に会い、その人の存在を知ることや刺激を受けることを目的にしています。

教育学者の齋藤孝氏は、**自己肯定感が上がる1つの要因として、あこがれの大人を持つことを挙げています。**

「学ぶ」の語源は「真似《まね》ぶ」であるそうです。そして対象となる大人の生き方、技術を真似したとき、子どもたちに知的興奮が生まれ、もっと教わりたい、やってみたいという意欲が出てきます。

また、**対象の持っている世界観はその子が目標としているゴールでもあり、今まであいまいだった目標と自分の間に関係性が生まれ、より前向きになるのです。**

ぼくは埼玉県のさいたま市（旧大宮市）、昔でいうところの武蔵の国の一宮氷川神社の参道ぞいで生まれました。

家の裏手には花火師が住んでおり、町の花火大会を運営していることから、市長や助役さんがよくやってきました。雨が降ると中止になる。急な夕立などの予想外の出来事にも対応する。ご自身も何度も事故で危ない目に遭っている——。そんな話をわくわくしながら聞いたものです。

家の真横はお風呂屋さんで、高い煙突がありました。廃材を燃やしていて、風呂釜に近づいたときのオレンジ色の火柱は今でも目に焼き付いています。

家の正面は氷屋さんで、お菓子屋さんも経営していました。その先は酒屋さんに豆腐屋さん。床屋さんは同級生でした。

家の裏には左官屋さんも住んでいて、その人の家の前にはやたら古いものが置いてありました。「これは何?」「どういうときに使うの?」と質問すると、ていねいに教えてくれました。「ものすごく物知りなんだ」と感心したものです。その人は後に「開運!なんでも鑑定団」というテレビ番組の鑑定士になっていました。

お母さんたちも、近所に会いたくなるような人がいたら、お子さんと一緒に訪ねてみませんか。そして、いろいろなことを質問してみませんか。お子さんはきっと新鮮なショック・感動を受け、興奮するはずです。

親子で取り組むワーク

親子で近所の素敵な大人に
会いに行きましょう

ポイント

まず、お母さんが会ってみたい大人や、大人のいる場所にお子さんと出かけてみてください。様子を見学したり、その方にインタビューしたりしてみましょう。そしてお子さんがどう感じたのか、親子で伝え合ってみてください。

素敵な大人のお知り合い

- 近所に駄菓子工場があることを知り、勇気を出して見学に行くと、温かく迎えくれただけでなく、社長さんの子どもたちへの愛も感じることができました。

- 牧場を経営している方と家族ぐるみで仲良くなりました。私たち家族が感じた印象は、それぞれ次のようなものでした。
  息子：動物好きなすごい人。
  娘：友だちみたいな感じ。
  お父さん：行動力のある人。
  お母さん：気遣いできるシャイな人。

お母さんの報告

牧場に最初に行ったのは私でしたが、いつの間にか子どもたちが牧場主と仲良くなり、作業を手伝うようになっていました。子どもたちはますます動物好きになり、作業を通して普段はできない体験をさせてもらいました。
「毎日が楽しい」と子どもの口から聞けてとってもうれしくなりました。

第6章

家族と自分の人生のテーマを見つける

家族は自分の目的を果たすためのチーム

家族の問題はリレー形式に伝わっていく

家族には、それぞれが抱えている人生の宿題のほかに、家族全員が代々抱えている宿題があります。

そのことが理解できると自分がこの家族で果たす役割が見えて、ますます所属意識が育ちます。

本章では、そんな心を育《はぐく》むことを目的としていますが、まずは「そもそも家族とは何か？」を考えてみましょう。

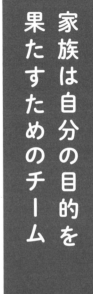

ビジョン心理学で有名なアメリカの心理学者チャック・スペザーノ博士は、家族関係を上手に形成できる人を「マスタリー」と呼び、「悟りを開いた人と同じ意識である」と述べました。家族とうまくやることがいかに難しいかわかるたとえです。

お母さんたちは子どもたちが両親から言われて嫌な言葉をご存じでしょうか。

ぼくが子どもたちに聞いたところ、圧倒的1位は「勉強しなさい」「宿題しなさい」「ちゃんとしなさい」などの命令・指示系の言葉でした。

また、「お兄ちゃんなんだから」「もう高学年でしょ」といった役割についての言葉も嫌います。「お兄ちゃんになることなんて自分は望んでないから」と言います。

家族で暮らす大変さに、「家族だからわかる」という甘えがあります。本来だと丁寧に関係性を積みあげなければならないのに、対話を端折《はしょ》ってしまうのです。

また、関係性の積みあげ方も、親をロールモデルにせざるをえず、親のモノマネになりがちです。

給食について毎年のようにクレームをつける保護者がいました。「子どもがもっと食べたいものを食べさせて」と言ってくるのです。その方のおばあちゃんも、お子さんも同じことを言います。

校長先生や栄養士がその都度対応にあたり、説明していました。校長先生が、「家族が学校をレストランのように考えている」とこぼしていました。こうした家族が抱える考え方のクセは、バトンや襷《たすき》のように受け継がれていくのです。

家族と向き合うと自分が変わっていく

ぼくは学校の先生を3度退職して、妻（ミセスばなな）と今の仕事を一緒にしています。

小学校の先生を14年間勤めて退職。もっと人間本来の良さを伸ばす教育をするために、農業や自然に触れ、そのままの自分を受け入れる私塾を開こうとしました。

しかし、自分自身が未熟だったり、奥さんと折り合いがつかなかったりして現場に戻るハメに。

それから6年後、再び学校の先生を退職。「子どもにやってきたことを大人にやってもらうことで、子どものような感性を取り戻してもらおう」という思いで、今の活動を始めました。

ところが大人に講座をすると、「いいですね」と言いながらも、突然講座に来なくなったり、子どものように甘えてきたり……と、どうしていいのかわからなくなりました。

また、黙っていても人が集まってくる学校と違い、自分で何でもやらなければならないことが多く、継続への不安が蓄積し、あえなく3週間でうつ状態になりました。

「もう二度と立ち直れないかもしれない……」

そんなぼくを救ってくれたのは家族、特に父親でした。父親が病院に付き添ってくれて、そのとき他愛のないことを話したことが復調の兆《きざ》しになったような気がします。

父親の仕事のスタートは、ぼくと同じ公務員でした。仕事で何度も苦労しています。出向で本意でない仕事をさせられたり、自分で会社を興してうまくいかなかったり……。

ボロボロになったぼくに、父親はかつての自分を重ねたのかもしれません。父親と話しているとき、親の歩んできた道が思い出され、「自分で興して世の中に貢献する」という宿題を、父から受け継いだことに気づかされました。

うつから立ち直り5年、妻の理解を得ようと、はじめのうちは学校の先生をしながら活動を続けました。

そして晴れて今、妻と共に「仲良い家族づくり」を応援しています。幼稚園の先生だったミセスばななとつくりだす場は、「家族と向き合うと幸せになれるよ」という願いが込められているのです。

家族の抱えた宿題

よかよか学院の大番頭スタッフのひろみ女将《おかみ》ことこやまひろみは、ぼくら夫婦の活動を献身的なまでに応援してくれています。

教育関係者でもないのに、そこまでの情熱がどこから来るのだろうと思っていたとき、ひろみ女将のお母さんが一時期、近隣の子どもを集めて保育をしていたことを知りました。ぼくと父親のように、一族には抱えている「宿題」があり、何世代もかけてその宿題に取り組んでいるようです。

人類学者である長谷川眞理子氏によると、人間とチンパンジーは「心の共有」という点において大きな差異があるそうです。チンパンジーは「私はあなたが何を考えているか知っている」は持ちえていても、「私が知っていることをあなたも知っているよね」という共感力は持ちえていないらしいのです。

人間が言語を伝えられるようになった理由について、同氏は、「私が何を知っていて、何を考えて、何を感じているかをあなたにも知ってほしい」というモチベーションから生まれたと述べています。

人間にとって大事な能力は「共感」。家族への共感が、先ほどのひろみ女将のような世代を超えた宿題を無意識のうちに果たそうとすることにつながっているのです。

そして、家族の抱えた宿題を共感できたとき、家族に対する理解と自分の存在意義を感じ、子どもたちは自分のことを肯定的にとらえるようになります。そう、自己肯定感の息吹が芽生える瞬間です。

そういえば、こんなこともありました。

ある日、父親がうれしそうに自分の会社のパンフレットを見せるのです。そこには会社の理念と共に父親の名前が書かれていました。

「この文章、読んでくれ」と父親が言ってきたので、「とってもわかりやすく、思いが伝わってくるよ」と答えると、父親はうれしそうに微笑みました。父親は作家になりたかったそうなのです。

また、あるときは母親にねだって、母親が習っている絵手紙をもらいました。小さい頃、ぼくは母親から「絵ばっかり描いても意味がない」と言われ、絵を描くことをやめていました。でも、母親が絵手紙を始めたと聞いて、ものすごくうれしくなったのです。

ぼくらの家族にとっては「自己表現」も宿題のようです。

ミセスばななも絵を描くのが大好きです。

2人で絵本をつくったこともあります。絵を描いているその横顔が無邪気で楽しそうで、見ているだけで幸せな気持ちになったことを覚えています。


家族は、本当に深いつながりの中にいます。

小学校の先生をしていると、子どもたちのうしろにたくさんの親族の叶えられなかった思い、願いというものが見えてきます。

お母さんたちもご自身の家族が抱えている「宿題」を見つけてください。それは、両親がよくやっていたこと、困難や恐れていたことの中に潜んでいます。

どんなに小さいことでもかまいません。お子さんだけにやらせるのではなく、お母さんが取り組むと、不思議なくらい、子どもが自分のことを大切にするようになります。

そのためにはどうすればいいかを、お伝えしていきましょう。

1 お母さんの好きなところには自分の才能が隠れてる

「おかあさん」の替え歌をつくるとしたら、どんな歌詞をあてはめる？

「おかあさん」という童謡があります。
作詞は田中ナナ氏、作曲は「めだかの学校」などで有名な中田喜直氏が手がけています。

おかあさん　なあに
おかあさんて　いい　におい
せんたく　していた　においでしょ
しゃぼんの　あわの　においでしょ

二番の歌詞も匂いのことをとりあげています。

童謡の中に出てくる子は、お母さんが家事をしている姿を後ろ、それも匂いの届くらい近い場所から眺めているのでしょうか。嗅覚《きゅうかく》の鋭い子どもで、将来は香料の開発者やアロマオイルなど匂いに関わる仕事をするのかもしれませんね。

ぼくはお母さん向けにお話会やワークショップもしているのですが、この「おかあさん」の替え歌をつくるワークをすることがあります。

おかあさん　なあに
おかあさんて「　　　　」
「　　　　」
「　　　　」

そうです。カッコの中に自分のお母さんのことを思い浮かべて創作してもらうのです。

すると、「自分がこんなにも母親のことを見ていたんだ」「自分はこんなにも母親のことが好きだったんだ」と感無量になって泣きだす方もいます。
そしてこのワークは自分にある才能や可能性も示唆してくれます。

おかあさん　なあに
おかあさんて　よくしゃべる
こまっている人に声をかけ
落ち込む息子をはげまして

これは、ぼくが自分の母親を見て考えた「おかあさん」の歌詞です。
今、自分は困っているお母さんを励まし、お母さんという役割をしているだけですばらしいと全国でしゃべっています。仕事として毎日やっていること、生きがいを感じて全力で取り組んでいることは、母親と暮らした日々があったからこそできたのだとしみじみ感じます。

お母さんたちは、この替え歌に、どのような歌詞をあてはめますか？　書かれた歌詞は、みなさんの才能の一端を表現していますし、皆様のお子さんにも受け継がれている資質です。子どもが気づくと、子どもなりに自分の生き方ややるべきことを考えるヒントになるのです。

「成果をあげるには、性格、強み、弱み、価値観、信条はいかようであってもよい。なされるべきことをなすだけでよい。成果をあげることは、習慣である」

これはピーター・ドラッカーの言葉ですが、お母さんと毎日過ごすという習慣が子どもたちの才能を育んでいるのです。

子どもはお母さんのことをいつも見ている

赤ちゃんは視力が低いのですが、生後4カ月頃から生後6カ月頃になると、お母さんの顔を認識するといいます。髪型や服装が違ってもお母さんだとわかるらしいのです。

声に関しては生まれる前から聞き分けています。お母さんの感情や痛みも共感して、場合によっては近づかないようにするなど配慮もしているといいます。

その赤ちゃんが小学生になっても、もちろんみんなお母さんのことが大好きです。

小学校の先生をしていたとき、入学直後の子どもが学校から脱走しそうになったことがありました。

幸い、フェンスを乗り越えられず、事なきを得たのですが、初めての1年生担任だったのでびっくりしてしまいました。

「どうして帰ろうと思ったの？」と尋ねると、「お母さんに、会いたくなったの」と涙を一筋、つーっと流しながら答えました。

お母さんにはかなわないなあと、心から思ったものです。

お母さんの喜ぶ顔が見たくって運動会の練習をし、お母さんのことを思いやって時に病気になります。お母さんとどうしても一緒にいたくって、学校に行かないということもあります。ずっとお母さんのことを見ているのです。

見ているものは関心の集積です。お子さんがお母さんのマネをするのは、関心の表れにほかなりません。お母さんが「子どもがあえて自分をマネている」と受け止めると、子どもは共感してもらえた感覚になり、また1つ、自分のことが好きになります。

そのことをお母さんは忘れないでいてくださいね。

親子で取り組むワーク

「おかあさん」の替え歌をつくってみましょう

ポイント

お母さんが子どもだった頃の感覚にもどって、お母さんを観察した替え歌をつくってみましょう。
できた歌をお子さんにも聴かせて、お子さんにもつくってもらいましょう。

たとえば…

おかあさん　なあに
おかあさんて「 **パンこねる** 」
「 **こたつに入れてふくらませ** 」
「 **甘い香りが幸せだ** 」

お母さんの報告

お母さんがよくパンを焼いてくれたこと、家族でパンをこねていたことを思い出しました。楽しかったな。
大人になって当たり前のようにパンやケーキを焼くようになったのもお母さんのこと、見ていたからなんですね。

2 お父さんが何をしているのか観察してみよう

お父さんの役割って？

コピーライターの糸井重里さんが作詞をし、ロッカーの忌野清志郎さんが作曲した名曲に「パパの歌」というのがあります。

家ではだらしないパパが、仕事の現場に行くと別人のようになる様を、耳に残るメロディーで歌い上げています。「昼間のパパは男だぜ」っていう歌詞がすべてを象徴しています。

ぼくのイベントに来る方は9割が「お母さん」や女性ですが、時々お父さんが来てくれます。

「ぼくらはどうしたらいいでしょうか」と言われることがあります。

確かに、父親の役割ってとってても難しいですね。お母さんと子どもの関係性に関する研究はいくつもあっても、お父さんの研究は少ないらしく、はっきりしない点も多いようです。

江戸時代は父親が子どもを育てていました。特に男の子は、父親の職業がその子どもの一生に関わるからです。父親を超えることが人生の成功であり、そのため父親は子のライバルや師匠にもなる……という考え方が常識として浸透していました。

ところが時代の変化とともに、学校が父親の代わりになり、父親が通勤するようになると、子どもは父親が何をしているのかわからなくなりました。

では、父親——お父さんの役割とはいったい何でしょう。大別すると、この3つではないかとぼくは考えています。

●行動する姿を見せ、子どもの自立のサポートをする。
●壁となる（最終決定者になる）。
●妻（お母さん）を助ける。

ある教育学者は「お父さんは子どもにとってアドバイザー的な役割の人ですから、子どもが自分の進むべき道ややってみたいことが決まるまで、あまり役に立ちません。それまではお母さんのサポートに徹するのが理想です」と言います。

「お父さんの出番は思春期になってから」だそうで、そのときにお父さんは何らかの形で「決断」「最終判断」を手伝うことで本領を発揮します。

「決断」は主体性、意志、行動力のバランスがとれたときに生まれます。お父さんの姿を通してさまざまな決断を繰り返すことで、人生を切り開いていく自分の力に自信が持てるようになっていきます。

お父さんを観察すると見えてくるもの

とはいうものの、お子さんはお父さんが何をしているのかあまりよく知りません。

なぜなら、お父さんの決断が最も発揮される仕事場の様子がわからないからです。職場見学をするのが一番なのですが、そうもいかないことが多いでしょう。

そこで、クラスを受け持っていたとき、以下の3つのポイントを押さえた「お父さん観察日記」をつける提案をしたことがありました。

●お父さんが趣味や得意なこと（特技）をしている様子を観察しよう。
●お父さんがお母さんをいたわっている姿を観察しよう。
●お父さんが決断している様子を観察しよう。

そして、「お父さんは何もしてない」と言ってくる子には「見るスピードを落として、よく観察してね」とアドバイスするようにしたのです。

子どもたちはお父さんに意識を向けると、「魚の煮付けをつくるのがうまい」とか「休日の家族の予定を決めていた」といった報告をしてくれました。

さらに気づいたのは、子どもたちはお父さんへの関心があるのに、お母さんのほうには**お父さんへ対する関心があまりないこともわかりました。**

ですから、まずお母さんがお父さんを観察し、気づいたことをお子さんに伝え、意見交換してみませんか。

親子で取り組むワーク

お子さんと一緒に
お父さんの「決断場面」を観察しましょう

ポイント

「お父さんって、何をどんなときに、どんなふうに決めているかな?」などとお子さんに持ちかけて、お父さんが決断する場面を気にかけてみましょう。
たくさんの決断をしていること、意外にもお子さんはそれらを知っていることに気づくと思います。

たとえば…

観察した場面

お父さんがクリスマスにお寿司屋さんに行くと決めた。

「お父さんってどうやって決めていたの?」と娘に聞いたところ、「ノリノリで」「家族のために」と答えてくれた。
私は「自分が食べたかっただけじゃないの?」と思っていただけに、とても意外に思った。

お母さんの報告

そういえば前日に、「クリスマスに何を食べたい?」と夫が私に質問していたことを思い出した。1日悩んで考えてくれたんだと気づいた。子どもにそのことを伝えると、「ママが見てないだけだよ」と言われた。少し反省した。

3 自分が生まれてきたときのことを聞いてみよう

失敗をどうとらえるかで、自己肯定感の度合いも変わる

自己肯定感が低い子どもの特徴として、失敗を恐れる傾向が強いことが挙げられます。

心理学者のキャロル・ドウェックは中学生をAグループとBグループの2つに分け、算数の問題を解答させた研究があります。

Aグループには解答が正しかったときにほめ、報酬を与えました。Bグループには間違いに対して、問題点を指摘し励ましました。

その結果、失敗に対して強く無力感を覚えるのは、成功に対して報酬を得るAグループだったというのです。難しい問題になると報酬が得られないと悲観し、解答をあきらめて

しまうらしいのです。これに対し、Bグループは問題点を指摘されると、「改善さえすれば正解できる」と学習し、チャレンジを恐れなかったといいます。

ドウェックは「大切なのは失敗のとらえ方である」と語っています。算数の解答ミスを「間違えたら叱られるもの」ととらえるか、「正解のための試行錯誤」ととらえるかで対応はまったく違ってくるのです。

ぼくらの日常も先ほどの算数と同じです。たくさんの失敗をよりよく生きるための修正材料ととらえることができたら、チャレンジを恐れなくなるからです。

生まれてきたときのことを聞かせてあげると、子どもは変わる

ぼくらの運営する「よかよか学院」に三田えりさんというスタッフがいます。助産師さんで、現場でたくさんの命の誕生に関わってきました。その彼女は「バースレビュー」という会を企画しています。わが子の生まれたときのことをお母さん同士でシェアするというものです。

何度か参加しましたが、どのお宅にも誕生にまつわるドラマがあることがわかりまし

た。どんな子どもも愛されてこの世に生まれていることがわかります。

ぼくの上の娘は仮死状態で生まれてきました。妻が3日間苦しんだ末の帝王切開でした。なかなか出てこない彼女の腕を折って出産しました。その後、院内感染もあり3カ月入院しました。

夫婦で病院に通いつづけました。今思うと、その3カ月間こそ、「夫婦で家庭をつくっていこうね」という確認の時間だったのかもしれません。

子どもたちに「生まれてきたときのことを、お母さんに聞いておいで」と言うと、みんな張り切ります。自分がどのようにして生まれてきたのかを知ることは、自己の存在承認につながるからでしょう。

「とってもやせていたんだって」

「よく笑う子だったんだって」

「お父さんが張り切っていたんだって」

といった報告をしてくれ、みんなうれしそうです。

「お母さんがいっぱいしゃべってうれしそうだった」と語る子どももいました。

ある子にいたっては、「ぼくね、おもちゃを何度もつかもうとしていたんだって」と、お母さんから言われたそうなのです。以来、その子はチャレンジを怖がらなくなりました。

赤ちゃんの頃は親も子も「失敗の連続」です。

当時、ぼくはたばこを吸っていたのですが、朝起きたら、上の娘がたばこを食べていてびっくりしたことがあります。でも、そういう出来事でさえ、20歳を過ぎた娘を見ると、単なる笑い話です。


子どもたちは、この頃の話を聞くと、たくさんの失敗のうえに今があること、その失敗を両親に見守られてきたことに気づきます。

「失敗しても叱られなかった」

もちろん、この先も同じです。お子さんが中学生になっても、高校生になっても、そして大人になっても、失敗したときは見守ってあげてください。「それでいい」と承認してあげてください。

そして、命懸けで産んだ、お子さんの誕生ストーリーをぜひお子さんに話してあげてください。

親子で取り組むワーク

自分が生まれたときのことを両親に尋ね、お子さんが生まれたときのことを語りましょう

ポイント

親が当時の天気やニュースになった出来事、まわりの人とのやりとりなど何気なく話すことがあります。それが意外にも自分とつながりのあることが多いようです。

たとえば…

親から生まれたときのことを聞いてみた

寒い日だったようだ。母親の誕生日と近い出産予定日だったので、同じ日に生まれたらいいなと母親が思っていたと聞いて驚いた。

お子さんが生まれたときのことを話してみた

帝王切開だったので痛みと恐怖が襲ってきた。生まれた瞬間、人間が自分の体から取り出されたことに驚いた。

お母さんの報告

子どもがねだるので生まれたときの話をしました。食い入るように最後まで聞いてくれた。そして、「生んでくれてありがとう。とってもうれしい」と一言。
それ以来、弟をからかわなくなったり、手伝ったりするようになった。

第7章

自分が生きている意味を実感する

みなさんは「自分映画」の主人公

物語は関係性が生み出す世界

子どもたちが表現するものには、自分と周囲との関係性（物語）が反映されています。

自分とまわりとの関係性に気づけると、自分の置かれた世界を大切にしはじめ、自分がなぜここにいるのかを意識するようになります。

ユング心理学を日本に紹介した河合隼雄氏は次のように語りました。

「物語らなければ生きていけない」

臨床心理学者であるにもかかわらず、氏は古今東西の物語を研究しました。

それは、カウンセリングをしていくと、クライアントの悩みの中に固有の「物語」があり、その物語の世界に共感すると、クライアントの問題解決につながるというのです。

氏はまた、「物語は〝関係性〟がなければ生まれない」とも語っています。男と女がいる、民族や人種の違いがある、自分と世界がある、こうした関係性の間に物語は生まれるといいます。

お母さんがお子さんに読み聞かせをした絵本のストーリーを思い返してください。

最初こそ、りんごやシマウマが単独で描かれていますが、しばらくたつと、友だちのライオンさんややさしいネズミが出てきて主人公との関わりが生まれます。１対１の関係性から端を発し、やがてみんなとの、地域との関係性……と、どんどん広がっていきます。

どんな物語を読むのか、どんな物語を書くのかは、その子の現状の関係性が反映されるのです。

教室では、「ばなな４コマ漫画」というワークを子どもたちと行ったことがあります。

４コマ漫画の枠には、１コマ目に絵とお話が描いてあります。共通の１コマ目を元に、それに続く残りの３コマにストーリーを描くというワークです。

どんな４コマ漫画が出来上がるかというと、２コマ目以降の展開は一人ひとりまったく違っていきます。そこには、その子が日頃体験している仲間やまわりとの関係性が、ありありと描かれているのです。

4コマ漫画を描くとどうして自分を好きになるのか

4コマ漫画の1コマ目を同じにするのには、それなりの理由があります。「同じ始まり、異なる結末」という状態が参加者の共感を生みやすいからです。

修学旅行のグループ別自由行動をイメージするとわかりやすいと思います。京都観光など、同じ集合場所からスタートして、また同じ場に戻ってきます。宿でその間の体験をグループのメンバーたちと話しますが、自分も体験しているので容易にイメージでき、共感が生まれやすくなります。

不思議なのですが、子どもたちのマンガが現実世界でも実際に起こることがあります。「ばなな4コマ漫画」を例に出すと、1コマ目を「ばななくん」という絵の苦手な子でもかけるシンプルなキャラクターに設定し、学校で行う具体的な場面を取り上げます。「学校に行ったら」「遠足に行ったら」「ケンカをしたら」「いじめられたら」「友だちが転校したら」などなど、時事ネタや学校生活で起こりそうなことを話題にするのです。

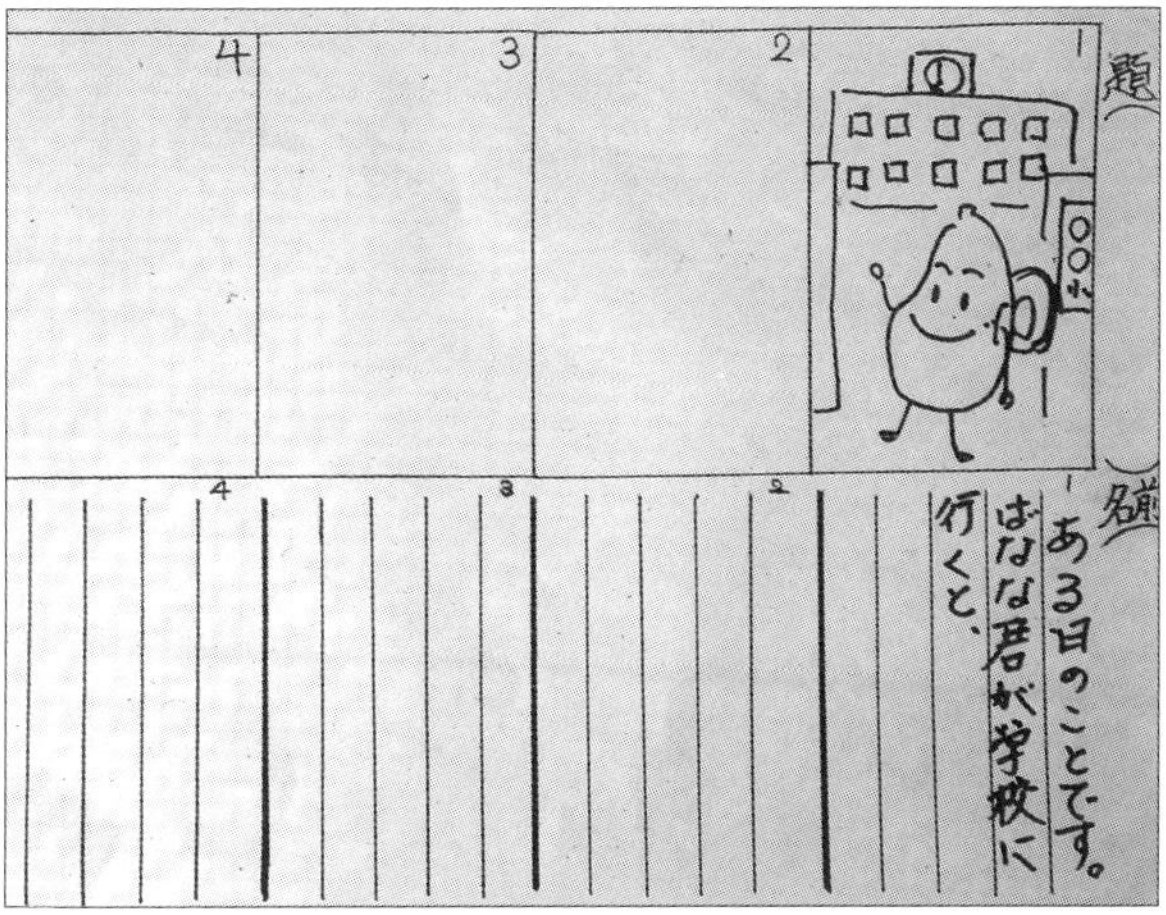

「ばなな4コマ漫画」のフォーマットと1コマ目。

ある子は、運動会で大失敗をしてしまい、それでもがんばって競技を続けたことを漫画にしました。ラストは、やりきった主人公をまわりや家族が応援するというストーリーです。

すると、運動会当日、その子はこともあろうか、本当に徒競走で転倒してしまいました。ぼくは真っ青になりましたが、気丈にもその子は立ちあがり、走り切りました。そしてゴールし終えると、仲間が励ましたり、退場直後には母親が背中をたたいてなぐさめたりしていました。

後日、その子は「漫画の通りになっちゃった」と笑っていましたが、自分の大失敗をまわりの人が温かく励ましてくれたことがかえって自信になった好例といっていいでしょう。

この「ばなな4コマ漫画」は、年間20~30テーマ描いてもらい、教室に掲示しておきます。子どもたちはそれを見て、学校での出来事と自分が描いたものを重ね合わせて振り返ります。

「なんかこれ、あのときと似ている」「描いた通りだな」とつぶやく子もいます。

漫画を描くことを楽しみにする子どもほど、自分のことを肯定的にとらえているのです。

4コマ漫画を描く本来の意義

小学生の頃、先生や習い事の講師から無理やり目標を立てさせられ、それを達成できなくて先生や親から叱られた、という経験をお持ちの人は多いと思います。

目標とは、目的という大きなゴールへの具体的な指標です。目標について、青山学院大学陸上競技部の原晋監督が次のように説明しています。

「目標は自分の最高点や他人と比較して決めることと考えがちだけど、そうじゃない。条件、調子などを考慮して、自分の位置を理解し、半歩先に置くものです」

目標というとゴールばかりに目が行きがちですが、自分の現在地を知ることが大切なんですね。

ばななな４コマ漫画は、子どもにとって今の自分の現在地を知り、そのうえでの目標（４コマ目）までのプロセスが可視化されています。何気なく描いた４コマ漫画に、現在地から目標達成までのストーリーが投影され、「ああ、自分はこう考えているのか」と気づけるようです。

つまり、４コマ漫画を描くことは、自分の目標達成までの地図を描くことと同じなのです。

自分とクラスの友だちとの関係性を物語る

メディアでも取り上げられる「仲間はずれ」の原因の１つに「無知」を挙げることができます。

人は知らないものを恐れます。障害についての知識のなさ、他国の文化についての無理解など、知らないことで差別してしまう事例はたくさんあります。

前述した4コマ漫画は、上下2段に分かれていて、上が絵、下が文章になっています。そして、たとえば「ある日、ばなな君が仲間はずれになりました」と描き出すと、クラスのほとんどの子が、自分の経験を想起します。そして、絵の中のばなな君に「仲間はずれはいけないよ」「こんな関係をつくりたい」と目標を描きます。

こうした4コマ漫画を子どもたち同士で見ると、クラスメイトたちがどんな人間関係を結びたいのかがわかるようになります。

みんなの願いが認知・共有できたとき、わざわざいじめたり、からかったりするでしょうか。4コマ漫画を描くことで、クラスも仲良くなっていくのです。

お母さんたちにこの4コマ漫画を体験してもらいましたが、参加した人たちのシェアから、「○○さんがこんなことを考えているとは知りませんでした」「自分と重なるところがありました」という声が聞かれました。他者理解はもちろん、自分と相手との間の関係性に気づくのです。

だとしたら、まず、お子さんの好きな物語を聞いてみませんか。お子さんの描いている世界が見えてきて、お母さんにどう関わってほしいのかが見えてくるはずです。

1 となりの席の子のいいところを3つほめよう

子どもは出来ばえや特技よりも、あり方を評価されたがっている

「あなたは、最も一緒に過ごす時間の長い5人の友だちの平均になる」

これはアメリカの起業家であり、講演家でもあるジム・ローン氏の言葉です。

自己啓発セミナーや書籍ではこの言葉をもとに「5人の平均年収があなたの収入になる」、そして「だから自分の人生を変えたいなら、付き合う人を変えなさい」とも言います。

ぼくたちはあらゆる面で、それだけまわりの人の影響を大きく受けているのでしょう。

しかし子どもたちは、簡単にクラスを変えたり学校を変えたりはできません。そこで、

席替えをする前に、もっと親しくなるためにとなりの席の子のいいところを3つ伝えてお別れするようにアドバイスをしたことがありました。

それは座席すら単なる偶然でなく、物語があることに気づき、境遇への感謝につながります。

クラスにとてもだらしないR君という男の子がいました。プリントやノートはいつも床に落ちていて、机の引きだしには、パンの袋やぐちゃぐちゃになったドリルとかが入っているのです。時々、となりの席の子の鉛筆や消しゴムまで持って帰ってしまいます。「盗む」という悪質のものではなく、気づいたら返し忘れてしまったという感じで悪気はないのです。

そんなR君を観察していて気づいたことがありました。すべてとなりの子の消しゴムを持って帰ってしまうわけではなく、自分の意見や考えがキチンと伝えられないおとなしいタイプの子のものを手にするのです。

あるとき、授業中に「返して!」っていう大きな声が聞こえました。

見ると、R君のとなりの席の女の子でした。おとなしい子で目に涙をためているではありませんか。ベストを尽くしたようで、両肩で息をしています。

R君は怒鳴られたことを気にせず、「あ、ごめん」と言い、笑いながら消しゴムを返しましたが、ぼくが驚いたのはとなりの席の女の子に対してです。おとなしい子なのに「よくあんな大きな声を出せたな」と感心したものです。

やがて、席替えの時期が来て、2人がお礼を言い合って別れるとき、おとなしい女の子がR君のことを「やさしい。いつも遊んでくれる。わたしのチャレンジを手伝ってくれる」と伝えていたのが印象的でした。

子どもたちが、仲間を評価するとき、最初の数カ月こそ、「算数ができる」「ピアノがうまい」といったように出来映えや特技を評価しますが、徐々に「やさしい」「手伝ってくれる」と行為になり、やがて「にこにこしている。元気で明るい。いてくれるだけでほっとする」といった〝あり方〟に移行していきます。

あり方を評価されると、ありのままの自分という存在を受け入れてもらったと思えるようになり、子どもたちは自分をいとおしく感じます。

親子で取り組むワーク

お子さんにお友だちのいいところを3つ聞いてみましょう

ポイント

お子さんの口から友だちの名前が出てきたら「どんなところがいいところだと思っているの?」と聞いてみましょう。そして、そのいいところがお子さんにもあることを伝えましょう。

たとえば…

A君のいいところ

- おバカなところ。
- 話さなくても会話が成立するところ。
- ゲーム好きで、一緒にいて楽。

Bさんのいいところ

- やさしいところ。
- なんでも楽しそうにやっているところ。
- 絵が上手なところ。

お母さんの報告

子どもの口から出た「いいところ」に共感しました。そして、その友だちとのエピソードを聞くと小学生男子だなあと、ほほえましくなります。友だちのありのままを受け入れてる感じがしました。
「なんでも楽しくやれる人になりたい」という、友だちへのあこがれもあるのかなと思いました。

2 小さい子のお世話をしてお世話された気持ちを思い出そう

自己肯定感が高い子は〝受け入れる力〟がある

高学年になった子どもたちの中には、低学年のふるまいや言動を見て、「なつかしい」「おれもそうだったよな」と言って目を細めることがあります。

その一方で、「チビがうるさいんだよ」と煩わしそうな顔をする子もいます。後者のような子を見ていると自己肯定感が低い傾向があります。

ある学校では、６年生になると３週間ほど１年生のお世話をすることが慣習になっていました。朝、１年生の教室の前で待ち合わせ、朝の支度を手伝って朝自習をともに過ごす。そして、「業間休み」という長い休み時間に一緒に遊ぶ……。

これをやると、3週間という期限が過ぎても遊びにくる1年生がいます。1年生の教室は1階にあるのですが、わざわざ3階、4階まで上がってくるのです。そのときの6年生のうれしそうな顔は、お母さんたちも想像がつくと思います。

1年生の中には、愛情が不足しているのか、いわゆる「甘噛《あまが》み」をする子もいます。からかったり、軽く叩いたりして、6年生がどうするのかを試すのです。すると、そこでムキになる子と、受け入れたり許したりする子がいます。

1年生が何人も追いかけてくるので、彼らをケガさせないようにしたら、自分が遊具にぶつかって足が数日腫《は》れてしまったという子がいました。それでも翌日、その子たちと遊んでいるのです。

小さい子をお世話している様子を見ていると、その子の母性がわかります。母性とは「受け入れる力」、つまるところ「許せるかどうか」です。

自己肯定感の高い子は「許された経験」を言語化できます。「習いごとをやめさせてもらえた」「いたずらしても、とがめられなかった」といったように。

ところが自己肯定感が低い子は、被害者であることを主張しがちです。その意味でも、小さい子のお世話をすることは、自分がどれだけまわりから許されてきたのかを確認する貴重な時間になるのです。

そして、自分より小さい子を大切に世話すればするほど、「自分が通ってきた道」を肯定的にとらえるようになるのです。

お母さんたちは、小さい子のお世話をしたときのこと覚えていますか？

そのとき、どんな気持ちだったかを思い出してください。

自分のことを受け入れたとき、小さい子の甘えも受け入れられたのではないでしょうか。

万引きした子どももここまで変わる

ある一人っ子の女の子Lさんは下級生に意地悪ばかりしていました。

「何かあるな」と感じていたのですが、注意するレベルでもないので、様子見をしていたところ、あるとき「万引き」をしてしまいました。

モノが余っている時代の万引きです。経済的に困窮しているご家庭でもありません。それは「親の気を引きたい」という心理の表れだったと思うのです。

スーパーのバックヤードに行くと、Lさんは真っ青な顔をしていました。「気づいたら手に取っていた」というのです。

10円のガムでしたが、ぼくは関係する方々に頭を下げて、学校に連れて帰りました。ほどなくして、彼女の両親が校長室にやってくると、お父さんは開口一番「私たちの教育が間違っていました」と言って謝りました。

これには、ぼくも校長先生もびっくり。たいていは子どもを叱ったり、奥さんのせいにしたり、お店側に文句を言ったりするからです。

翌日、Lさんの家族は学校を休んでお出かけをしたといいます。お父さんがわざわざ仕事を休み、一家で過ごしたのです。

この一件があってからしばらくすると、Lさんは急に下の学年のお世話をするようになりました。意地悪をすることなく、目つきが穏やかになり、下級生の自己主張にも「そうだね、そうだね」と受け入れるようになっていました。

「何かあったのかな？」と思っていたら、あるときLさんから「内緒だよ」と前置きしたうえで、ぼくにこう言ってきました。

「わたしね、今度お姉ちゃんになるの」

子どもは許されると、ここまで変わるのです。

親子で取り組むワーク

お子さんが小さい子と接している様子を観察しましょう

ポイント

お子さんが自分より小さい子のお世話をしている場面を見かけたら、そのまま観察してみてください。その子の母性（受け入れる力）が表現されています。
もし、小さい子にぞんざいな態度をしていたらチャンス！　お子さんが甘えたがっているサインです。たくさん、スキンシップをとってください。

年下の小さな女の子に絵本の読み聞かせをしている様子

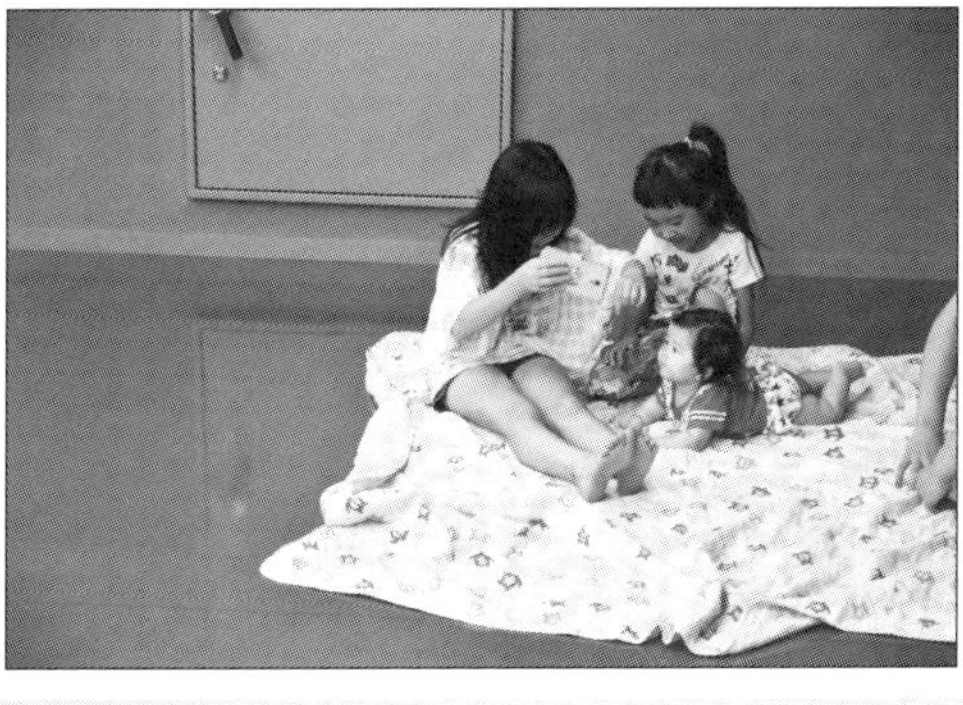

お母さんの報告

イベントに出かけて、たくさん小さい子の面倒を見たせいでしょうか、家に帰ってくるなり甘えてきたりわがままを言ったりしました。やがて、泣き叫んだので、しばらくぎゅっとしていました。そうしたら落ち着いたみたいで、小さい子のお世話が大変だったと話し出しました。
みんなが楽しく過ごせるように、この子なりにがんばっていたんだなと気づき、お礼を言いました。

3

ラストがハッピーエンドになる物語を書こう

本のタイトルから広がるイメージを想像すると

子どもたちが「子どもの目」で表現する物語は、それまでの人生が投影されています。困難のパターンや乗り越え方、ハラハラするクライマックス、最高のラストも、すべて自分の中にあることに気づくと、生きることに前向きになるものです。

そのため、ぼくはたくさん本を読んでもらおうと、さまざまな取り組みをしてきました。読み聞かせたり、本を紹介したり、感想文を書いてもらったり……。

なかでも盛り上がったのが、本のタイトルだけで勝手に内容を話し合うという授業です。これは、ぼく自身の体験がベースになっています。

子どもの頃、ぼくの部屋にはなぜか父親の本がたくさんありました。その中に『ペスト』というタイトルの本がありました。

「ペスト……。いったいどんな本なのだろう……」

その言葉の響きから広がるイメージを想像していたら、調べてみたくなり、病原菌だということがわかりました。さらに年月を重ねていくと、その本を読んでみたくなり、『異邦人』を書いたカミュの小説だと知りました。

この体験談をもとに、子どもたちに『妻が椎茸《しいたけ》だったころ』『ひっ』などとちょっと変わったタイトルの本を見せて、どんな物語なのかみんなで好き勝手に話し合ってもらうことにしました。みんな大笑い。場がなごやかになりました。

そのうちの何人かは実際に本を読んでくれました。そのようにして読んだ本は不思議と忘れません。なぜならば、作品との出会いがすでにストーリーになっているからです。

親子で映画を製作しよう

高学年になってお別れの時期が近づくと、子どもたちにやってもらうことがあります。

脚本も監督も主演も、全部自分という映画を想像して、そのポスターを描いてもらうというものです。自分が主人公で、ラストはハッピーエンドになるストーリーにしてもらい、タイトルとキャッチコピーもつけてもらいます。

Tさんという女の子はこのお題で泣きだしたことがありました。

「わたしは主人公なんかにはなれない」と言うのです。高学年の女子によくある、「誰と仲良くして、誰と仲良くしてはいけないのか……」というやりとりに疲れていたらしいのです。

そこで、「映画で主人公が大変なシーンってあるでしょ。最後まで映画の主人公は大変かい？」とぼくが尋ねると、「いいえ、最後はヒーロー、ヒロインが勝ちます」と言ってきたので、次のようにアドバイスすることにしました。

「だったら、そういう映画のポスターをつくればいいんだよ。そして、できた映画をよく見てね。何回も見てね。今はどのへんなのか考えながら見るんだよ」

ぼくがこう言うと、Tさんは強くうなずいて描きだしました。

後になって知ったことですが、これは心理療法の1つである「ナラティヴ（物語）アプローチ」と呼ばれる芸術療法の1つでした。

ナラティヴ（物語）アプローチというのは、既存のお話のあらすじを創作してもらったり、自由に物語を語らせたりすることで、物語の主人公に自分自身をオーバーラップさせたり、ストーリーを自分の生き方に置きかえたりする手法のことをいいます。

書くことによって自分の人生の脚本を顕在化させ、抱えている問題に主体的に立ち向かい、解決に向かう手立てにするというものです。

映画のストーリーはその子の人生そのもの。どこに困難があり、どのように乗り越えていくのか、本人は何かの拍子に気づくようになります。仮に今は苦しくても、それは映画のワンシーンにすぎません。

だとしたら、お母さんが主人公、お子さんが主人公の映画（監督、脚本も自分）を一緒になって考えてみませんか。お子さんが主人公の場合、お母さんは飾らず、気負わず、そのままエキストラになってあげませんか。

そして、タイトルは人生のゴールや目的、キャッチコピーは人生で苦しくなったときに自分に言い聞かせる言葉にして、親子の役どころを認め合ってください。

親子で取り組むワーク

お母さんやお子さんが
主人公の映画を考えてみましょう

ポイント

いくつかのルールがあります。

●主演・監督・脚本など、すべて本人。

●ハッピーエンドで終わること。

●主人公が最高に輝くストーリー展開であること。

●タイトル、ラストシーン、クライマックス、キャッチコピーを考える。

映画のタイトル、ストーリーは主人公が目指す世界が投影されがちです。キャッチコピーは自分を励ます言葉であることが多いようです。

たとえば…

タイトル：ばななの皮をかぶったねこ

主人公：自分（ねこ役）

あらすじ：主人公（いじめられてばかりのばななの皮をかぶっていたねこ）が、勇気を出して皮を脱ぎ、仲間に立ち向かうことで、芸術家になっていく話。

ラストシーン：絵の個展を開いている。

映画のキャッチコピー：いつだって変われるよ。

お母さんの報告

親子でお話を考えて伝え合ったら、子どもが語る物語が私の人生をなぞっているようでびっくりしました。「わたしもこのお話みたいになっていくね」と子どもから言われました。かつて、私が苦手な人に対して勇気を出して向かっていったことで、関係性が大きく変わっていったことがあったのですが、娘はすでにその勇気を心の中に持っているように感じました。私も娘みたいに強く生きていきます。

4 自分に卒業証書を書いてみよう

お母さんは重荷を背負って生きている

お母さんはご自身の小学校の卒業証書をじっくり見たことありますか？　よく見るとわかりますが、「6年間の課程（やるべきこと）を修了しました」と校長先生から許可された形になっています。

学校教育法施行規則には「小（中・高等）学校は卒業を認めるにあたっては、児童（生徒）の成績を評価して、これを定めなければならない」、校長は「小（中・高等）学校の全課程を修了したと認めた者には、卒業証書を授与しなければならない」とあります。

実際に、3月はじめの職員室では「このクラスの卒業を認めてください」と6年生の担任が校長先生にお願いして承認をもらうという形を取っています。つまり、児童や生徒は自分の判断で卒業したわけではないのです。

ぼくたちは子どもの頃、将来の夢を文集に書いていました。それは今も同じで卒業間際の子どもたちには文集に将来の夢を書いてもらっています。

しかし、よくよく考えてみると、あれは「夢」ではなく職業選択集みたいなものです。お母さんたちも当時のことを思い出してください。なんとなく既存の職業から選ばないといけないような気持ちで、将来の夢を書きませんでしたか？

この風潮は今なお根強く残っていて、卒業文集締め切りの日に「何になりたいか思い浮かばない」といってクラスの子どもに泣かれたことがあります。

お母さんと話をしていて思うことがあります。それは小学校高学年から中学生くらいの思春期にかけて、大なり小なり、いろいろな重荷を背負ってしまっていることです。

- 親のようにならないといけないと思って、やりたくもない部活に入った。
- 親にほめられたいあまり、なりたくもない仕事に就きたいと言った。
- きょうだいと比較されてものすごく嫌だった。

●弟（妹）に手がかかったので自分のしたいことが言えなかった。

●お母さんに反抗したかったけれど、お父さんが病気になって言えなかった。

他にもまだいろいろと挙げられるでしょうが、さまざまな事情で本心を飲み込んでしまったのです。

お母さんたちのカウンセリングをしていると、「子どものことが悩みです」「夫がわかってくれません」「義理のお母さんがうるさくて……」といった言葉がよく出てきます。

その言葉――問題のルーツをたどっていくと、そのこと以上に思春期に両親やまわりの圧力で何らかの重荷を背負ってしまった姿が見えてくるのです。

そして、今もなお、姿・形を変えたその重荷を引きずっています。

「もっと、私の気持ちをわかってほしい」「その役割、大変だよねって共感してほしい」と無意識で願っています。それが子どもたちや旦那さんへの「不満」に転嫁されていってしまうのです。

あるお母さんは、別々に暮らしているにもかかわらず、「姉より目立ってはいけない」という重荷を引きずっていました。それが遠因になっているのか、年上の人と何度もトラブルになるというのです。また、相手の気持ちを察して、つい遠慮したり、やりたくもないことを引き受けたりするといいます。

カウンセリングを重ねていくうちに、お母さんにとって年上の人の気持ちがわかるのは、その環境にいたからであり、日々築きあげた特技だと本人が気づきました。そして、「年上の人にゆずってもいいし、自分の考えを伝えてもいい」と思えたとき、年上の人との人間関係がよくなっていったのです。

お母さんたちも、誰かに「わかってほしい」という気持ちを頻繁に感じるようでしたら、「やりすぎな私」「がんばってきた私」がいることに気づき、思春期の自分を卒業させてみてはどうでしょう。その頃、ランドセルと一緒に背負ってしまった価値観を「どっちでもいい」と卒業証書に綴《つづ》ってみませんか。

やりすぎても、やらなくてもいい。でも、実行のタイミングは自分で決める。

お母さんの自己肯定感アップこそ、子どもの自己肯定感アップのための最大の秘訣《ひけつ》です。

ぼくは思春期を「サナギ期」と呼んでいます。

チョウの幼虫が成虫になるとき、はい回る筋肉は、飛ぶためには不要です。飛ぶための筋肉をつけるために「自分はチョウである」という神経系だけを残し、すべて体を溶かします。サナギを切り取るとドロドロの液体が出てくるのは、チョウというアイデンティティを残しつつ、生まれ変わろうとする〝もがき〟だともいわれています。

子どもたちは12歳までにお母さんやお父さんに言われた「あなたでいい」「それでいい」という言葉を糧《かて》にして、改めて自分の道を自分で決めていきます。

親は信じるだけでいいのです。

お子さんは絶対大丈夫！　それはあなたのお子さんだからです。

いよいよ、お母さんたちのお子さんも中学生になります。

ご卒業おめでとうございます。

親子で取り組むワーク

お母さんが自分の背負ったものを卒業しましょう

ポイント

自分が12歳前後に背負ってしまったことを思い出しましょう。
無理して部活に入った、兄弟と比べた、やりたいことを我慢した、などの出来事を思い出したら、当時の自分に「よくがんばったね」とねぎらいの言葉をかけてあげましょう。

たとえば…

卒業証書　　　お名前
私は12歳までの間に親に認められたくって
人の顔色を気にしすぎてしまいました。
でもそれは親が大好きだったからやったこと。
私の親はそれを知っています。
ここに人の顔色を気にしすぎちゃった自分を
卒業することを承認します。
これからの私はもっと自分のホンネを大切にして
生きていきます。

お母さんの報告

小学生の頃、母はことあるごとに「よそに恥ずかしい」と言っていました。だから私は恥ずかしくない人になろうと、まわりに合わせてばかりいて、それは子どもが生まれてからも続き、生きづらさを感じるようになりました。でも、それは亡くなった母に喜ばれたいという思いからだと気づきました。
また、母も同じようにがんばっていたんだとわかったとき、天国のお母さんに「もういいんだよ」と言ってもらえた気がしました。今までがんばった私たち親子をほめてあげたいです。

あとがき
仕上げはお母さんの「それでいい」

いかがでしたか、7つのレッスン。

26項目のワークのうちの1つでも取り組んでいただけたら幸いです。

まず、自分がやってみて、お子さんにもやってもらう。そして、お子さんに「それいいね」「あなたらしいね」と一度でも伝えられたら、本書の役割は達成された気がします。ばなな、最高にうれしいです。

この本を書いていると、ふと、ある親子のワンシーンがよみがえってきました。

教師をしていた時代、学校から数時間だけお休みをいただいた後、出勤していたときのことです。

駅からの道を早足で歩いていると、前をゆっくり歩く母子がいました。ぼくのクラスのWさんでした。Wさんはおっとりした女の子。やさしくて、自分のことはさておいて他の子の面倒を見てしまうような子です。繊細なところもあり、ひんぱんに学校を休んだり遅刻したりしていました。

2人は植え込みの花壇の前に立っては、お花を指さし、街路樹を見上げては微笑みあっていました。

ぼくは気を使い、あえて別の道を歩いて学校に行き、それから15分くらいたってWさんが登校してきました。Wさんの顔は笑顔いっぱいでした。

「お母さんと歩いているところを見てたよ」とぼくが言うと、Wさんは「先生も一緒にお花を見ればよかったのに……」とのこと。

詳しく聞くと、植え込みを毎日見ていて、どうやらその変化を実際にお母さんに伝えたかったそうなのです。

「お母さんと植え込みの様子を観察することのほうが、彼女にとっては（学校の授業よりも）貴重な学びの時間になる」と考えた自分は、間違えていなかったと思いました。

プロローグで、なぜお母さんが先に、ワークに取り組んだほうがいいのかを伝えました。チューリッヒ大学の発達心理学者、モーリッツ・ダウムは「子どもの模倣行動は学習以上に重要であり、模倣により自分がグループの一員であることを認識しやすくする」と提唱しています。

子どもが親、特にお母さんをまねる理由は、自身の成長のための模倣学習（モデリング）ということと、もう1つは、親へのあこがれや敬意からくる、そのコミュニティーに所属したいという欲求の表れだというのです。

つまり、お母さん、お父さんに「あなたらしい」「それでいい」と言われることは、○○家のメンバーになれたとお墨付きをいただくようなものなのです。そうやって、承認を得ることにより、子どもは安心し、自分を好きになっていくのです。

Wさんのケースでいうと、Wさんのお母さんは園芸が大好きで、それをまねたWさんに、お母さんが「それでいい」と言ってあげることは、お子さんを家族の一員として承認しただけではなく、お母さん自身も自分がしてきたことを子どもから承認されたことになります。

日本の教育で一番不足しているのは知識でもなければ技術でもありません。お母さん、お父さんから「それでいい」「あなたらしい」と承認してもらうことではないでしょうか。

ぼくたちはお母さんから生まれてきた

日本は「子育ての責任はお母さん、子育ての成果は教育活動」みたいな風潮があります。そのせいでしょうか、かなりのお母さんが、「私がお母さんをするなんてとんでもない」と思っています。

国際教育機関が「お母さんになって幸せですか」というアンケートをとったところ、日本は先進国で最下位、世界33位だそうです。

そういうことが遠因になっているのでしょう。イベントに来たお母さんたちに幾度となく「ばななさん、私の子育て、間違っていませんか」と泣かれたことがあります。子育ての正解がどこかにあって、それを知らない自分は無知で、しかも見本通りにやれない自分はダメだと思っているのです。

だからこそ、この**7つのレッスンの1つでも、まずお母さんにやってほしい**のです。お母さん自身が子どもの感性を取り戻すと、家族が仲良くなります。

試しに「私の好きなところってどこ？」と旦那さんやお子さんに聞いてみてください。

その答えがお母さんの「子どもの感性」「自分らしさ」です。

家族は、自然体のお母さんが大好きなのです。

それでもお子さんに「それでいい」と思えない、というお母さんがいらっしゃると思います。最後にその方にエールを送ります。

お母さんは自分のお子さんにこれまで二度、「それでいい」と言っています。

1つはお子さんが生まれたとき。どんな生まれ方をしても、たとえハンデを持って生まれてきても、望まない妊娠をしたとしても、「生む」という選択をした時点で、わが子に対して「それでいい」と肯定しています。出産の選択権は100％女性側にあります。子どもはそのことに、本当に感謝しているのです。

もう1つは、お子さんがお母さんとの間で起こしたさまざまな出来事を、お母さんは「許してきた」ことです。みなさんのお子さんは、何回おもらしをしましたか？　何回ウソをつきましたか？　何回食べ残しましたか？　何回家事や仕事の邪魔をしましたか？

もちろん、叱ったこともあるでしょうが、それらを最終的には全部許したのではないでしょうか。

この先もお子さんは口答えしたり、反抗的な態度を取ったり、自分勝手に何かを決めていくこともあるでしょう。その都度、衝突するかもしれませんが、最後は「それでいい」という言葉を投げかけてほしいのです。

かくいうぼくも3度も教員を辞めました。母親は反対のようでしたが、最後は「アンタの好きなようにしな」と「白旗宣言」をしました。ぼくがどれだけ覚悟を持ってやるのか、あえて「最大の壁」として立ちはだかってくれたのです。

お子さんは、お母さんからの「許し」という最大の愛をもらって大きくなっているのです。誕生によって存在を認め、白旗によってその子が登る山への行く末を承認する。お母さんって本当にすごい存在です。

お母さんにはかなわない。これが23年、教師をやってきて行き着いた結論でした。

お母さんはその子にとって最高の教師かもしれません。そしてお母さんとやっていることこそ、その子にとって最高の教育活動なのです。

ですから、ぼくはこう言いたい。

お母さんをやっているだけですばらしい！

ばなな先生
元小学校教師、「よかよか学院」校長。本名は小塙雅多加（こばなわまさたか）で「小塙」が「ばなな」と聞こえることから「ばなな先生」と呼ばれるように。
大学卒業後、公立小学校で23年間にわたり教鞭をとる。ある日、担任クラスの児童に「自分のことが好きですか」というアンケートをとると7、8割が嫌いだと答え愕然とする。そこで、授業の合間に自尊感情を高める「自分科」という教科を編み出して実施。自己肯定感が著しく高まり「自分が好きだ」という子どもが急増。退職後は、お母さんと子どもの学校「よかよか学院」を立ち上げ、北海道から沖縄まで「自分科」という自分を肯定するワークショップを提唱、実践している。

12歳までの自己肯定感の育て方で、
その後の人生が決まる

2023年 2月16日　初版発行

著　者　ばなな先生
発行者　太田宏
発行所　フォレスト出版株式会社
〒162-0824
東京都新宿区揚場町2-18　白宝ビル7F
電　話　03-5229-5750（営業）
03-5229-5757（編集）
URL　http://www.forestpub.co.jp
印刷・製本　中央精版印刷株式会社

ISBN978-4-86680-214-5　Printed in Japan

12歳までの
自己肯定感の育て方で、
その後の人生が決まる

本書の読者へ
著者から無料プレゼント!

Extra Work

自分の名前の由来や
込められた思いについて
考えてみよう

PDFファイル

● 名前の呼び方ひとつで子どもの自己肯定感は上がる
● 子どもは、名前のイメージのまま生きたい
● 名前の意味は子どもが決める

お母さんが自分の名前の由来を両親に尋ねたり、
お子さんに名前の由来を語ったりしましょう!

無料プレゼントを入手するにはコチラへアクセスしてください

https://frstp.jp/12

＊無料プレゼントはWEB上で公開するものであり、
CDなどをお送りするものではありません。
＊無料プレゼントのご提供は予告なく終了となる場合がございます。
あらかじめご了承ください。